中国ビジネス猛毒

中国人OLは見た!

張益羽
Chou Mau

講談社

はじめに

中国人が中国について語るということ

この本を手に取っていただいて、ありがとうございます。

中国と言えば、尖閣問題。

そして反日デモ。

というより、ずっと消えることのない反日問題。

少し前には、毒ギョーザ事件などのひどい食品安全問題。

最近では大気汚染問題があります。

こんな情報が毎日のように届く「中国」という国に、日本人はうんざりしています。

私も「中国」に食傷気味になっている一人です。

2012年の秋、尖閣問題をめぐって、過激なデモに走り、暴動を起こし、日系の工場やスーパーを燃やしている中国人の姿がテレビで流されました。これを観て、私の身体は固まり、涙が止まりませんでした。この国は何を考えているのか。世界からの視線を気にしないのか。私も読者のみなさんと同様、様々な疑問を抱きました。

私は今、中国に関するマイナスの話題がテレビで流れると、静かにチャンネルを変えるようにしています。もう見たくないからです。

信じていただけないかもしれませんが、私は、その国から来た人間です。

そうです。私は中国人です。

そして、私はこれから日本語で、自分の体験した「中国ビジネスの地獄」について、すべてを書き記そうとしているのです。

この本を書くかどうか、かなり迷っていました。

おそらく、多くの在日中国人や日本に関わっている中国人には、私と同じ思いの人が少なくないと思います。

私たちは、すでに日本の社会や文化に慣れ、日本で就職し、安定した暮らしを手に入れています。そして、その中の多くの人々は、日本と中国の間を行ったり来たりして、両国間のビジネスや文化交流に関わっています。**そんな私たちは、日本と中国の問題について、大きな声を**

出して、率直に本当の気持ちを言うことはできないのです。

祖国にいる自分の親や兄弟、親族、友人に思いをはせると、語れない場合が多くなるのです。

実際、私たちが本当の思いを語ると、祖国で「漢奸《かんかん》（売国奴）」と蔑《さげす》まれたり、ネット上で罵《ば》声《せい》を浴びたりするのです。

「サンドイッチ人間」の勇気

清朝の後半以降、中国の歴史は、列強に侵略されてきた歴史と言っても過言ではありません。その中で、中国人にとってとりわけ屈辱的なのが、日本に侵略された歴史です。私たちは、子供のときから以下のように教わってきました。日本人は、中国を残虐に侵略し、中国の国土で「三光作戦」（奪いつくす、焼きつくす、殺しつくす）を実行し、中国と中国人に対し許せない罪を犯してきた——と。

中国人なら誰であろうと、この「歴史」に逆らうことは許されません。たとえば、日本で活躍しているある有名な中国人研究者は、日本をほんの少し弁護しただけなのに、中国の「微博《ウェイボー》」（中国語版ツイッター）で大量の罵《ば》詈《り》雑《ぞう》言《ごん》を書き込まれました。

一方、尖閣問題が一番盛り上がっていたころ、ネット上で中国人の異常な愛国行為を批判している中国在住の中国人学者や中国人も大勢いました。彼らに対し「微博」で見られたコメントは、称賛するものもありましたが、攻撃的なものが大半で、さらには脅迫めいたものまで目に付きました。日本でも、もし中国の立場に立って発言したら、大いに批判されるでしょう。私たちのような人間が表に出て、本当の気持ちと事実を語るのは、大いに勇気が必要なのです。

だからこそ、本当の気持ちを語る人間について、私は、常に敬意を感じています。

そして、今度は私の番なのです。今、本当の気持ちを語ることで、両国の間で戦争を起こさせず、少しでも友好的な関係が続くようにしたいのです。

たぶん、私たちのような人間は、そうなることを誰よりも望んでいます。なぜなら私たちは、両国の衝突で最初に直接的、間接的被害を受ける人間になるのですから。

私は、私たちのような人間を**「サンドイッチ人間」**と定義しています。

昔「バナナ人間」という言葉がありました。「バナナ人間」とは、外見はアジア人ですが、欧米で生まれ、欧米で教育を受けたため、思考回路や考え、言語は欧米人そのままの人々のことです。

「サンドイッチ人間」は違います。私たちは、中国で高等教育を受け、その後、様々な形で日本に来ています。簡単に言うと、私たちは、成人になってから、日本に来ています。ですから

私たちの根底には、「中国」というアイデンティティが存在しています。一方で、「日本」の影響も深く受けているのです。

「中国」と「日本」という2つの国は、私たちの中で混在しています。いや、私たちの中身は、その2つの国によって作られているのです。そして、サンドイッチの中身のように、私たちは、常に両国の間で挟まれています。

ですから私たちは、簡単にどっちがいいとか、どっちが悪いとかは言えません。どっちを批判、否定しても、自分を批判し、否定しているような気持ちになるからです。両国の歴史や国民性など、実態を知っているからこそ、黙るしかないのです。**すべての嵐が早く去り、平和が来るのを心から祈るしかありません。**

ですが、今はもう黙っているときではありません。

中国人の私でも中国市場で苦労する

私は日本で、中堅広告代理店に勤めています（本書では、その社名を仮名「栄速社」とします）。2012年まで、私は中国人であるという特性を発揮して、ずっと栄速社の中国ビジネスに関わってきました。

しかし今の私は、その現場から外れ、意欲も失ってしまいました。**「中国は、とても難し**

く、きわめて商売しにくい国だ」と痛感したからです。

けれども、この本で、単純な「反中」について語るつもりはありません。実際、ビジネスの現場で、そんな議論をするヒマなどないのです。「タイム・イズ・マネー」です。

もはや日本と中国は、互いを簡単に切り捨てることができません。

実際、「中国を捨てて東南アジアやブラジル、インドなどに進出しよう」と叫んでいる人は、大半が中国市場にろくに取り組んでいない、短絡的な思考回路を持っている人間です。「中国はダメ」と叫ぶ評論家は、やがて別の国で何か事件が起これば簡単に「インドはダメ」「ブラジルはダメ」「○○国はダメ」と言い出すことでしょう。

考えてもみてください。相手に「ダメ」出しばかりしている人間が、どこで商売を成功させられるというのでしょうか。

つまり、そうした内容が書かれている本は、現場を知らない机上の空論と考えて間違いありません。

私の体験した中国ビジネスは、とてもダイナミックでエキサイティングでした。中国の成長も発展も体感できる楽しいものでした。

一方、疲労感や無力感がどんどんたまってくる日々でもありました。

本書では、そんな自分が経験してきた「中国」という国のリアルを記します。一広告人の個人的なビジネス経験であり、おそらく同じ立場でビジネスの最前線を戦った人間はいないでしょう。

とは言え、すべてのビジネス原理は同じです。ここに記される経験は、中国のみならず新興国でビジネスを展開する方々にとって、確実に有益なヒントになるはずです。

そして、もう一つの思いとして、多くの在日中国人や「親日派」と呼ばれている中国人、私のような「サンドイッチ人間」が、日中両国の企業の優位性と欠陥について、どのように捉えているのかを伝えたいと思います。

「サンドイッチ人間」の私は、一生、日本と中国という2つの国と付き合わなければなりません。

だからこそ、私は容易にどちらの国も批判できません。**私はただ、ビジネス現場から事実を描きたいだけです。**

これから語る事実には、読者のみなさんにとって信じられないもの、目を疑うようなものも多いでしょう。しかし、この報告を通して、みなさんは中国と日本という2つの国を、より深く理解していただけるようになるはずです。

本書に収めたエピソードは、報道されたものを除いてすべて私の実体験をモチーフにしたストーリーです。ただし、登場人物や組織は特定されないように調整を加え、固有名詞は仮名にし、複数の人物や組織を合成した場合もあります。そして、すべての内容は、あくまでも私個人の物語と見解となります。上記について、あらかじめご了承くださいますよう、お願いします。

中国人ＯＬは見た！

猛毒中国ビジネス　目次

序章　反日教育を受けた私は、日本国籍を取得しました

試験に出るのは日中戦争ばかり

まずは自己紹介から始めましょう。

私は、中国で中流レベルの家庭で育てられ、中国内陸のある都市で少女時代を過ごしました。１９８９年、中国で学生の民主化運動（天安門事件）が発生したときは、まだ中学生でした。学校の窓から、デモを少しだけ見たことがあります。何も感じませんでした。テレビに映っていた民主化運動は、ただの暴動に見えました。その背後に隠された政治的な暗流を知ることはありませんでした。

１９８９年以前には、「反日」をそれほど感じませんでした。それどころか、テレビでは日本のアニメやドラマがどんどん放映されていました。新聞では「日中友好」「一衣帯水」といった言葉が目立ちました。

ところが、**民主化運動の後、風向きが変わってきました。**日本という国に対する捉え方が、少しずつ変わっていったのです。

中国でも日本のような大学入試センター試験があります。その歴史科目では、私たちは8冊の歴史教科書を暗記しなければなりません。私の通っていた高校には、歴史対策で有名な先生がいました。彼は、私たちに「赤、青、黒」という3つの色のペンで教科書に下線を引いて暗記する方法を教えていました。「赤」は最重要、必ず暗記する部分で、「青」はその次に重要な部分となり、「黒」は余裕があれば覚えておくものです。

一番記憶に残っているのは、近代史のところから、赤のボリュームがどんどん大きくなってきたことです。テキストを丸ごと覚えなければならないくらい、赤線があらゆるところに引かれたのです。

私が教わったのは、以下のような歴史です。

唐の時代から中国に学び続けてきた、中国の幼い弟のような存在の日本が、欧米列強に続いて中国を侵略してきました。しかも、どの国よりも中国に対して残虐な行為を行い、男性を虐殺し、女性をレイプしました。30万人が殺された南京大虐殺事件もありました——。

センター試験の歴史科目で、このようなことを扱った問題は、かなりの比率を占めていました。日中戦争の部分さえ丸暗記すれば、合格点を取れるかもしれません。

「愛国主義」より留学したい

ともあれ、私は上海の大学に入学することができました。当時は1990年代半ば、物質主義が中国で台頭しはじめ、「すべてはお金のため（中国語：一切向銭看）」というブームが生まれました。

私たちの世代の大学生は、民主化運動を行った大学生たちと違って、政治に興味がありませんでした。私たちは懸命に勉強し、遊び、恋愛しました。できれば海外に留学し、卒業後、安定した職や、稼ぎの良い職につきたいと思っていました。

上海の大学ではみな、英語の勉強やTOEFL、GREの試験に夢中になっていました。英語の成績が優秀な学生はアイドルのような存在でした。夜、キャンパスの自習室にいる大学生のほとんどが英語を勉強していました。今思うと、本当に異様な風景でした。

「○○がアメリカの全額奨学金をもらって、大学を中退して、アメリカに留学したって」

「○○が大学を中退し、親と一緒にシンガポールに移民したよ」

「○○の彼氏は日本人だよ」

このような噂が、私たち女子学生の中で広がりました。当時、「小資（プチブル）」という言葉も流行《はや》っていました。**享楽的で退廃的な都市生活に浸《ひた》り、外国人の彼氏を持つことが、一種**

のトレンドやファッションのようになりました。

私は大学受験の際の暗記で、**「中国から一番恩恵を受けたにもかかわらず、一番中国をいじめた国は、日本だ」**という歴史を覚えていましたが、それでも政治や愛国主義には興味がありませんでした。「自由に暮らす」ことや「海外へ行く」ことばかり考え、プチブル生活に憧れている女子大生でした。

つまり、私は、中国でも恵まれていた育ち方をしていたのです。貧困を味わったこともなければ、政治的な糾弾《きゅうだん》も受けませんでした。1989年の民主化運動で中国を捨ててしまった人々と違って、私は、「反中」「反共産党」などの考えを持っていません。むしろ、中国のエリートコースに乗っていたのでしょう。

もし日本に来なければ、中国で優良企業に勤め、安定した生活を送っていたと思います。

知らなかった歴史

21世紀を迎える直前、大学を卒業した私は日本の大学院に留学しました。そして、ここでの経験が、私の歴史観と世界観を大きく変えることになるのです。

日本の大学や研究機関では、中国の古典書籍が大切に保存され、簡単な手続きをすれば誰でも閲覧できます。恥ずかしい話ですが、私の母校は、中国の一流大学にもかかわらず、自国の古典書籍をまともに保存していません。京都大学で保管されている中国の古典書籍を初めて見たとき、私は感動のあまり立ちすくんでしまいました。その感覚が分かりますか？　**日本人が、私たち中国人より中国の文化と歴史を大切にしているのです。こんな経験をするとは思ってもみませんでした。**

続いて、大学院で「満州国の歴史」を学んだときの衝撃も大きなものでした。中国で私が勉強した満州の歴史は、虐殺やレイプ、略奪に満ちた侵略史でした。そして、実際にこれらの行為を行った日本人も、間違いなく存在していました。しかし一方、その時代の日本人には、国家を信じて、新しい国を建設するために、妻子を連れ、中国に行った人も少なくありませんでした。日本人は、満州という国で夢を持って、鉄道や病院、学校などインフラを建設し、映画製作にまで力を注いできました。

これらの事実を学んだとき、私は、「これは日本人が自分たちを美化した歴史だ」と思いました。でも、そうではないようです。より深く勉強していくうちに、私はかつて大連（満州に属していた都市の一つ）に遊びに行ったときのことを思い出しました。大連では日本人が作った鉄道や建物がいまだに使われています。そして、李香蘭（山口淑子）という日本人の女優が、中国映画史で欠かすことのできない存在であったことも思い出しました。

歴史というものは、客観的に描ける人がいないのかもしれません。私が中国で学んできた歴史と日本で書かれた歴史と、どちらが正しいのか、どちらが客観的なのか、完全に決めることはできないでしょう。それぞれの歴史が国内事情に合わせて書かれていると思います。でも、少なくとも、この勉強を通して、私は、かつて受けた**教育に囚《とら》われず、なるべくフェアに日中の歴史と物事を見ようと決めました。**

3日でクビになったアルバイト

2000年ごろ、中国の某大手テレビ局が、日中戦争終戦55周年のドキュメンタリー番組の取材で来日しました。大学院生だった私は、通訳兼コーディネーターとしてアルバイトに雇われました。テレビ番組制作チームは、南京大虐殺に関わった元日本軍兵士を取材したり、靖国神社を撮影したり、東京裁判の映像を入手したりしていました。

私は歴史を公平に中国の人々へ伝えるべきだと考え、大手新聞社とシンクタンクの若い優秀なビジネスマンの取材を設定しました。彼らは、日中戦争の歴史を客観的に反省したうえで、戦後の日中間の経済関係を中心に語ってくれました。

歴史を忘れてはいけませんが、歴史を引きずる必要もありません。だから、日本の若い世代の中国に対する思いは、もっと中国の人々に伝えるべきです。戦後、日本は、中国に対してODAなどの支援を重ねてきました。しかし、残念ながら、この事実を多くの中国人は知りません。私たちの歴史教科書には、日本が中国を侵略した歴史しか書いていません。日中国交正常化の後のことについて、私たちは、ほとんど教えられていないのです。**中国で高等教育を受けた私ですら、日本で学ばなかったら、中国に対する日本の経済援助を知ることはなかったでしょう。**

日本に来て、私の歴史観と世界観は大きく変わりました。今の私は、より公平に、客観的に次世代の人々に歴史を伝えるべきだと思っています。

恨みからは、前向きなものは何も生まれません。

しかし、その思いは中国のテレビ局に伝わりませんでした。私は政治事情に鈍感すぎたのです。わずか3日後、私は日本に洗脳された中国人と見なされてクビになってしまいました。一方、「日本の軍国主義は、今も健在である」というニュアンスで作られたその番組は、中国で高い視聴率を得たようです。

この出来事は、私に大きな衝撃を与えました。個人の力の小ささを思い知ったのです。

そして、このような思いを、社会人になってから、中国ビジネスの中で何度も体験することになるのです。

10年前の情熱

2002年、私は日本の中堅広告代理店・栄速社に入社しました。「ビジネスを通して、日中両国の友好交流に貢献したい」という志が評価されたのだと思います。

２００５年、上海万博を担当して間もないころ、愛知万博の、ある日本企業パビリオンの閉館式のＶＴＲを観ました。映像の中では、すべてのスタッフが抱き合っていました。１８５日間ともに戦ってきた感動と喜びが会場中に満ちていました。

そして私は、自分も２０１０年上海万博で同じような、映像を観るだけでも涙が出てくるような感動を体験しようと思っていました。

いいえ、それどころか、日中の間で奇跡を起こすつもりでした。日本企業に勤める中国人である私が間に立つことで、両国が共同で素晴らしいパビリオンを作り上げる。そして閉館式では国籍関係なくみんなで抱き合って……。そんな感動の瞬間を共有しようと考えたのです。

あのころ私は、中国という巨大市場に対して、自信と大きな志を抱いていました。

夢を見ていたのです。

祖国から離れて

そして、それから5年後の２０１０年。上海万博の最中、私は、日本国籍を取得しました。

実は、その前にすでに、中国国籍のまま、日本の永住権を取得していました。私の上海の友人には、欧米に留学して現地で就職し、アメリカやカナダ、フランスなどの国籍を入手してから、また中国に戻り、外資系企業の幹部になったり、事業を起こしたりしている人が少なくありません。

多くの日本人には知られていませんが、**実は日本では、帰化するよりも永住権を取るほうがハードルは高いのです**。その背景には、日本政府の「外国人のまま日本に住んでもらいたくない。日本人に同化してもらいたい」という考えがあるようです。

私もせっかく永住権を取ったのだからと、はじめは中国国籍の維持にこだわっていました。会社を辞めて上海に戻った中国人の先輩からも「**日本だけはやめたほうがいい。日中戦争の記憶は、我々の世代で消えないから**」と言われました。

それなのに上海万博の直前、私は日本への帰化を申請しました。これからも日本という国で暮らしていこうと思ったのです。

帰化したと言うと、いろいろな日本の方々に驚かれます。なぜなら、「日本の経済は下がる一方。中国は、これからどんどん強くなっていく」と思っているからです。「中国の国籍を捨てるなんて、もったいないよ」とも言われました。もちろん中には、祖国の国籍を捨てるという行為について理解できない方もいます。

ですが、かつて2010年上海万博の開催に夢を見ていた私は、今、老人のように、祖国を遠くから見ています。心の中には、**祖国に対する愛情も残っていますが、かつての幻想が消えてしまったという喪失感もあります。**

「論」より「行動」

世の中には、様々な中国経済論や中国政治論、中国ビジネス論、中国国家論、中国人論が氾《はん》濫《らん》しています。

日本と中国、この2つの国は、こんなに近いのに、通じ合っていません。

だから、このようなことを書いた本が次々と出てくるのです。

ですが、ビジネスの現場で戦ってきた人間として率直に言わせてもらうと、これらの本に書かれたことは役に立ちません。

一番お金の無駄になる本は、「中国人はメンツを重視する。中国人はどうのこうの。今の中国人はこう思っている」と、中国人の特徴を延々と語っているものです。

こうした本に意味がない理由は、極端に言えば、ケースバイケースだからです。

中国人も様々です。しかも、13億人もいるのです。

中国はきわめて変化に富んだ、ルールの境界線が分からない国です。

そんな中国市場で「勝利した」と豪語する人を、私は、あまり見たことがありません。

ただし、日中間でビジネスがうまくいかないのは、中国だけが問題なのではありません。日本企業、特に大手企業の抱えている問題もあるのです。

いずれにしても、私は「〇〇すべきだ」と理論を語っている中国本に興味がありません。中国という国で、現場から離れた理論は通用しないからです。たくさんの本に書かれた中国人像や中国ビジネス論は、ほとんど子供向けの絵本みたいなものです。

中国市場は、ジャングルそのものです。常に危険に満ちています。

次に何が出てくるのか、まったく分かりません。いつも注意を払っていなければなりません。そこで絵本をいくら読んでも、生き抜くのは難しいでしょう。

強い危機意識がなければ、ジャングルでは瞬時に猛獣に食べられてしまいます。安全・信頼をベースにした日本社会で育てられた日本人は、このような感覚が乏《とぼ》しいため、すぐにやられてしまいます。

すべては実戦で感覚を磨くしかないのです。自分のアンテナやリスク意識を磨きながら、中国市場で生き抜くしかないのです。

私が戦ってきた中国ビジネスは心理戦でもあれば、体力勝負でもあります。**永遠に未知である相手と戦い、生死に関わるゲームをする感覚で実戦経験を積んで、たくさんの失敗の中で、常に自分をタフにして、勝ち抜くことに集中します。このようなマインドで中国市場に入っていくことが、一番重要なのです。**

この本は、そんな中国でサバイバルしてきた現場の一企業人のレポートです。しかも私は中国人ゆえ、日本人以上に中国ビジネスで想像を絶する経験をし、たくさん泣いてきました。でも、だからこそ、この本には上から目線で「〇〇すべきだ」と語る本には存在しない、実戦的な教訓をたくさん盛り込むことができました。

私のエピソードから、みなさんが、楽しみながら中国ビジネスのヒントが得られるように、本書を綴《つづ》ったつもりです。

いよいよ、チャイナビジネス・エンタテインメントの開幕です。

第1章　外資系企業は、カモですか？

台湾で出会えた「本当の中国人」

中国の社会環境は、いったいどんなものなのか。

中国人の本質は、いったいどんなものなのか。

中国ビジネスに関わってから、中国人の私は、ずっと自問自答してきました。

２０１１年5月、日本に帰化をした私は、念願だった台湾旅行を実現しました。中国のパスポートでは、自由に台湾に行けなかったのです（香港に行くときにも、ビザの申請が必要です）。待望の台湾旅行でしたが、強いカルチャーショックを受けました。私は北京語で旅行していましたので、「大陸から来た中国人」と台湾人に認識されていました。歴史的な経緯を考えると、私は台湾人に嫌われても仕方がないはずですが、彼らはとても親切で、礼儀正しかったのです。道を聞いても、とても丁寧に案内してくれました。

思えば、香港でも同様の体験をしました。香港人も礼儀正しく親切でした。同じ中国人でも、大陸で私が目にした人たちとは大違いです。

香港は、イギリスの植民地だったから、欧米文化の影響が深い。

台湾は、かつて日本の植民地だったので、親日的な文化が根強く残っている。

「香港人と台湾人は、中国人と違うみたい」と話すと、よく出てくる言葉です。しかし、単純に「○○の植民地だったから」という一言で片づけられるのでしょうか。**台湾旅行の間、「もしかしたら、親切な台湾人の姿は、本来の中国人の姿なのかもしれない」と私は考えていました。儒教の精神を持ち、礼儀を重んじるのが伝統的な中国人の姿だからです。**

では今の中国人は、いったい何なのでしょう？

やられたらやり返す？

2012年秋、尖閣問題が生じると、中国のネット上では「中国はすでに強いんだから、もう戦争しよう！」という過激な言論が多く見られました。中国の生放送テレビ番組でも、視聴者がテレビ局へ電話をかけてきて、「日本に宣戦布告すべきだ」というコメントが流されました。

尖閣問題の最中、中国滞在中の日本人の友人がフェイスブックで1枚の写真をアップしました。私はそれを見てびっくりしました。中国のあるカフェの入り口に、「日本人と犬は入ってはいけない」と書いてあったのです。これは、租界時代の上海の「パブリック・ガーデン（黄浦公園）」の入り口にあったとされる、「犬と中国人入るべからず」という看板と同じです。我々は、小さいころからこの話を「最も屈辱的な記憶」と何度も教わっています。どうして同じことを繰り返そうとするのでしょう。

歴史の記憶はどのような形で伝えるべきなのか。愛国主義は、いったいどうあるべきなのか。様々な疑問が私の中に湧《わ》いてきました。

たしかに中国は発展し、強くなっています。とはいえ、今の中国全体の雰囲気を見ると、その発展が本当にいい方向に向かっているのかと、疑問に感じてしまうのです。

そして中国ビジネスの現場に踏みこめば踏みこむほど、この疑問は強くなるばかりです。

中国は安っぽい？

鄧小平が主導してはじめた中国の改革開放から、30年以上が経ちました。中国経済は急速な発展を遂げましたが、トップレベルの技術を持つ世界レベルの企業や世界的ブランドは、まだ出現していないと思います。

ＮＨＫのドラマ「メイドインジャパン」が話題を呼びました。そこで描かれたように、日本の発展を支えてきた技術が流出し、失われています。日本にとって、事態は深刻です。しかし、私は、むしろ中国こそが自らの技術レベルについてきちんと考えるべきだと思います。なぜなら、戦後の日本では、トヨタやソニー、パナソニック等の世界レベルの企業が育ちましたが、中国のレノボやハイアールは、世界的ブランドとは言えないように思えるからです。たしかに彼らは積極的に世界進出をしていますが、製品の質より、値段の安さで勝負している印象です。「低価格、低品質のメイドインチャイナ」というイメージを払拭《ふっしょく》できていません。

私自身の経験から言えば、中国発のオリジナル技術は生まれない気がします。中国企業には、フェアな姿勢で謙虚に海外からノウハウを学び、心から友好的に提携しようという気風がないからです。このままでは、あと30年経っても「メイドインチャイナ」は安っぽいイメージのままでしょう。

一方、日中国交正常化以降、日本は、最も早くから中国の発展を支援してきた国です。多くの大手日本企業が30年ほど前から中国市場に進出し、さらなる発展を夢見てきました。しかし、その結果は、どうでしょうか？　中国市場で成功していると言える企業は、その努力の割には、とても限られています。

多くの日本企業は努力の方向を間違えていたのです（間違いの実例は、後でたっぷりご紹介します）。もし中国市場に対して、少しでも希望もしくは夢を抱いているなら、中国という国の現状を認識し、正しい心構えでその市場に入っていくことが、何よりも大切です。中国ビジネス、いや、すべてのビジネスの真意は、中国の『孫子』に書かれた兵法「**彼を知り、己を知れば、百戦危うからず**」に尽きます。

これをビジネスに置き換えて、相手の情報だけでなく、味方の情報もきちんと入手しておく。そうして初めて、リスクの少ない行動に移れるということです。

相手の情報を把握しただけで、満足しないようにしましょう。それだけでは、まだまだ危険です。味方の情報もきちんと把握したうえで、行動を起こしましょう。

合弁企業は乗っ取られます

これまで中国では、重要な産業分野は国営企業が独占していました。中国国内の民営企業、私営企業ですら、参入を許されません。

ただし、一部の産業分野においては、積極的に外資系企業の投資を受け入れてきました。国営企業には資金や技術、ノウハウ、経営能力がありません。したがって、外資系企業の資金や技術、ノウハウ、経営能力を狙っています。

一言で言うと、外資系企業は、最初からカモとして見なされています。合弁企業を立ち上げ、大変な時期を乗り越え、経営状況が好転し、黒字になりはじめると、中国側はすぐ利益の分け前を求め出します。トラブルになれば、しめたものです。中国側は政府や行政機関をバックに様々な手段を使って、最終的には外資系企業を追い出してしまうのです。

残念なことですが、外資系企業は最初からこのような宿命にあると自覚したうえで、中国ないし中国国営企業と付き合い、事前に対策を立てておくしかないのです。

歴史問題を背負っている日本企業なら、なおさらです。他の国・地域の企業と比べて、日本企業は、より不利な立場に置かれています。合弁や合資の形で進出した日本企業がパートナーの中国企業ともめて、訴訟を行うとき、日本企業が勝訴する可能性はゼロだと言っても過言ではありません。

中国現地へ進出するとき、一番理想的な方法は、100％日本側の出資で企業を作ることです。

一円でも中国側の資本を入れれば、いつか利益のことで中国側ともめる日が来て、そして裁判で敗れる、という覚悟が必要です。ただ、重要な産業分野においては、100％外資系企業は作れません。その場合は、中国側と契約する際に、粘れるだけ粘って契約書を英語で作り、裁判地を第三国（たとえばシンガポール）にすべきです。

それならば中国本土で裁判するよりも、勝つ可能性は高くなります。かといって、第三国での裁判も決して甘くはありません。莫大な弁護士費用や訴訟費用、人件費などがかかってしまうからです。私の経験でも、シンガポールで裁判する際に、「最低でも1億円はかかります」と言われたことがあります。そして、こんな大金を使っても、勝ち目があるかどうか分からないのです。

ノウハウを奪われた米国企業

欧米系企業は、日本企業より器用に中国に進出し、成功しているとよく言われます。それでも、痛い目に遭った例があります。

2010年、中国ではeコマース（電子商取引）が急速に発展しはじめました。実は2000年から、これまで国家の事業単位（政府機関と企業の中間にある組織で、従業員は公務員と同様の待遇です）と見なされていた中国メディア企業は、国家の指導と命令で、企業化する道を歩みはじめました。今まで国家におんぶに抱っこだったメディア企業は、様々な方法を試しながら、経営面の独立を目指しています。

2009年、国家の指導を受けて、中国のあるメディア企業が、eコマースをスタートさせようと考えました。そして米国の大手企業・ラン社と、提携契約を行いました。ラン社は米国でeコマースを成功させており、トップクラスの経営ノウハウを有しています。資本比率は中国企業が51%、ラン社が49%になりました。すなわち、中国企業が筆頭株主となります。

中国企業の〈賢い〉部分は、外資系企業の資金やノウハウを引き出すやり方にあります。もしかすると、それは生まれながらのものなのかもしれません。

まず、外資系企業と提携する際、初期段階におけるすべてのリスクを外資系企業に取らせようとします。彼らは必ず、「自分たちは経営のノウハウがないので、外資系企業から学びたい」と言います。口車に乗せられた外資系企業は、最も困難な経営初期において、資金や人材を使い、提携契約を信じて、誠意をもって、懸命に経営を軌道に乗せようとします。

ラン社も同じく、経営に全力を注いできました。おかげで、この合弁事業は半年で好転しました。あっという間に大黒字へ転じたのです。年間成長率は２００％以上と言われるようになりました。

この儲かり出したタイミングで、急に中国企業は、提携についていろいろと文句を言い出しました。

そうです。当然のようにトラブル勃発です。

その結果は？　ラン社の持ち株は、強制的にどんどん買収されて、30％、20％、10％……と減っていき、最後には、完璧に追い出されました。

ｅコマースにおけるラン社のすべてのノウハウや出資金は、すべて中国側が入手し、おかげで経営も好転しました。そして利益を独占したい中国企業は、躊躇《ちゅうちょ》なくラン社を切り捨てました。

しかし契約書があるじゃないか。訴えたらいい！　と思う方もいるでしょうが、残念ながら、このようなケースにおいて外資系企業に勝ち目はありません。ラン社も泣く泣く中国から撤退したようです。

カネを出さない共同出資

私と同様に日本企業に勤めている中国人の友人の経験も紹介します。

中国のある国営企業と提携するため、友人は1年近く中国へ頻繁に出張し、商談を進めてきました。最初、日本企業との提携について、中国側はとても積極的で、前向きな姿勢を示してくれました。友人の会社も、こんな大手の中国国営企業と提携できたら、今後に大いに役立つに違いないと考えていました。ところが、会議を重ねるうちに、商談の焦点が驚くべきものに変わっていきました。

会社設立時の共同出資の比率や資本金について、中国側は、もっともらしく**「無形資産」と「有形資産」**という言葉を使います。この言葉が大いにクセモノです。

特に「無形資産」という言葉の定義です。いわゆる「無形資産」とは、基本的に物的な実体を伴わない資産を指します。特許や商標権、著作権といった知的財産、従業員のもつ技術や能力といった人的資産、企業文化や経営管理プロセスなども含まれています。つまり、実体を伴わないので、無形資産の評価は難しいのです。従って日本でも、共同して会社を設立する際、無形資産による出資はなるべく避けたいと考えます。

まず中国側は、日本企業に70％出資してもらい、自分たちは30％出資すると主張しました。この数字を聞いた友人の会社はとても喜びました。これで経営の主導権を握れる。中国企業側の「国営」というバックグラウンドもうまく利用できる。そう思ったからです。

しかし、その後の展開では露骨に、「日本企業のお金をうまく引き出したい」という中国企業の思惑が出てくるようになりました。

具体的な出資金額を議論した際に、中国側は、「無形資産」と「有形資産」という概念を持ち出し、こう語ったそうです。

「我々が提供する有形資産は、主にオフィスやスタッフである。中国における我々企業自身のブランド価値や政府や公安、税務など各部署とのパイプは、無形資産として換算してほしい」

彼らが主張している有形資産となる「オフィス代」「スタッフの人件費」の換算方法自体もかなりあいまいですが、「ブランド価値」「パイプ」といった無形資産は、ほとんど換算できません。なぜなら、測る指標がないからです。

ここで政府各部署とのパイプの価値は1億元（約15億円）だと言われても、日本側は反論できません。その裏の意味は、「我々は政府との関係を利用して、いろいろな便宜《べんぎ》を図って、事業をうまくいかせるから」ということです。日本企業は、よくこの「裏の意味」を信じてしまいます（中国での「コネ」「パイプ」などは、とてもあやふやな部分ですので、これについては別の章で話します）。

つまり、中国側は1円も出したくないのです。現金は全部日本側に出してもらい、中国側は、ほんの少しの場所と人と、「国営」というバックグラウンドの幻想を出資する——ということです。

「良いポジションを与えるから……」

続いて、出資金問題がまとまらないうちに、中国側は従業員、特に経営陣の構成問題を言いだしました。出資の少ない側は、基本的に経営陣で占める割合が少なくなるのが常識です。しかし中国側は、またもや政府とのパイプを強調し、どうしても董事長《とうじちょう》（会長相当）など重要なポジションに人員を配置したいと主張しました。

さらに、経営陣の話も決着していないうちに、スタッフの給料についても主張をはじめました。すべて日本企業の給料を基準にしたいというのです。日本側が反論すると、提示金額を少し下げました。それでも中国現地ではかなり高給となります。

加えて、具体的な経営内容などの話がはじまる前から、中国側は人員配置に執着して、具体的な人名を持ち出してきました。調べてみると、執拗《しつよう》に推薦してきた人名の大半が、中国側担当者の友人や親戚であることが判明しました。

笑えてしまうのは、中国担当者が友人に「あなたにも良いポジションを与えるから、今回の案件が成立するために、うまく日本人を説得してください」と誘ってきたことです。
よく似た言葉を、私自身も中国ビジネスにおいて、何度も言われました。

相手は思い上がっている

これは中国の大手企業、特に国営企業の体質なのかもしれません。

彼らは特権を持っていると思い込んでいます。そして、外資系企業と提携するとき、「あいつらは我々の特権を利用したがっている」としか考えません。そこに、落ち着いて外資系企業のノウハウや技術を勉強する姿勢はないようです。学ぼうとするのはうわべばかりです。そして担当者は、自分の個人的な関係者に利益を分け与えることばかり考えるのです。

このような風土、感覚は、中国人の私でも、うまく表現することができません。もちろん、中国側にもまともな担当者はいました。特に若い世代には、真剣に海外企業から学ぼうとする人がいました。ただ、様々な事例を見た彼らが、周りの環境に汚されていくのではないかと心配しています。

資金を出し、ノウハウと技術を学ばせ、利益が出はじめると、追い出される。これは、中国における外資系企業の宿命かもしれません。

中国市場に進出する際は、最初からこのような最悪の想定をしてから、入ったほうがいいで

しょう。最悪の想定をしておけば、その市場で少しでも進歩があったら、勝利だと感じられるはずです。

第2章　キラキラ「巨大市場」の闇

国産食品を買えない「海亀派」

私が上海で親しくしている友人には「**海亀派**《かいき》」がたくさんいます。「海亀派」とは、海外に留学や就職をしてから、中国に戻った人々のことを指します。彼（彼女）らも母国と外国のはざまで揺れる「サンドイッチ人間」です。中国で高等教育を終え、アメリカやヨーロッパで留学・就職し、海外文化の影響を受けてきた人々です。

2012年夏、上海のバーで、私は親友ミーちゃんとお酒を飲んでいました。しばらくしてから、彼女がつぶやくように言いました。

「益羽の今までで最も正しい選択って、やはり日本の国籍を取ったことね。この国って、本当にどうなっているんだろう。もう一度、私も海外に出たい。益羽は、もう戻らないほうがいい」

しばらくの沈黙の後、さらにミーちゃんは「この国はどうなっているの？　私はここに住んでいるのに、ここのものを買うことはない。食べ物もお水も全部海外からの輸入品を買っている。お金で命と健康を買っているようなものよ！　でも普通の人は？」と怒りを込めて続けました。

私は知っています。ミーちゃんたち帰国組の友人たちは、上海の高級スーパーで輸入食材を入手しているのです。

２００８年、中国の乳製品業界の有力企業が生産した粉ミルクに、化学物質メラミンが混入され、飲んだ乳児が腎臓結石を発症した事件が明らかとなりました。これまでに乳幼児４人が死亡、少なくとも5万３０００人が健康被害に遭ったと言われています。その後、他の大手乳製品企業でも、次々と人命に関わる問題が発覚しました。

私もその時期に、いろいろな中国の友人に、「日本の粉ミルクを買って帰ってきて」と頼まれ、出張するたびに、スーツケースに森永や明治の粉ミルクを詰めていました。この事件の影響は深く、いまだに中国の富裕層たちは香港で外国製粉ミルクを買い漁《あさ》っているようです。つい最近、香港政府が「中国大陸の人は、一回の購入は一人2缶まで」と制限を出したことから、日本でも話題になりました。中国の友人はこの話を聞いて、「お金持ちは気にしないよ。だって、何回も香港に行けばいいいだけだろう」と笑っていました。

乳製品事件の後、食用油やミネラルウォーターでも同様の問題があることが明らかになりました。

上海在住の友人たちは、「中国の食べ物が信じられない」と冗談交じりで言いながら、実際、水も食材も、高級スーパーの輸入品を買っています。中国では関税が高いので、食費は高くつくことになります。それでも、彼（彼女）らは、自分の国の食品が信じられず、お金を出して、自分の命を守ろうとしています。

中国に戻るのか

2002年から2010年までの9年間、私たちは、私の出張のたびに会っては上海という都市で楽しく過ごしてきました。このころのミーちゃんは、私と同様に、**キラキラしたチャイニーズ・ドリーム**を見ていました。ですが、彼女の気持ちが変化してしまった理由も、私は理解できるようになってしまいました。だから、私はその場で黙り込んだまま、何も言えませんでした。

そのときまでのミーちゃんは、私に「中国に帰りなさい」と言い続けていました。そして私も、まだ中国ビジネスに夢中で、日本と上海を頻繁に往復しつつ、やがては上海に戻ろうと思っていました。

私たちには、いったいどんな変化があったのでしょうか？

ミーちゃんは上海の有名な芸術大学の出身です。ほぼ同じ時期に、私は日本へ留学し、彼女はドイツへ留学しました。ドイツ留学の後、ミーちゃんは1年間くらい、お姉さんのいるアメリカにも住んでいました。アメリカにいたころの彼女は、中国に戻るかどうか、とても悩んでいました。

ミーちゃんには2人のお姉さんがいますが、両方とも外国人と結婚し、海外に移民していました。当時のミーちゃんは、本心ではあまり中国に戻りたくなかったようです。しかし父親が急病で亡くなり、母親一人、中国に残されてしまいました。いろいろと悩んだ末、母親のために、彼女は完全帰国を選択しました。

2002年ごろから、中国では帰国ブームが始まりました。ミーちゃんもブームに乗った一人ということになります。彼女はドイツのトップクラスの芸術大学大学院で学位を取得していたので優遇され、帰国後は母校の大学で教員となりました。

優遇と帰国ブーム

1990年代後半から、中国ではハイテクや社会研究分野などの人材の需要が高まっていました。海外にいる優秀な人材を呼び戻すために、中国政府は**「海外人材呼び戻し政策」**を数多く実施したのです。たとえば研究者には、**「百人計画」**や**「長江学者奨励計画」**などを通じた様々な優遇制度を設けました。

中国科学院が実施した「百人計画」は、中国で最初に始められた人材招致・養成策です。その対象は、「海外で助教授以上またはそれに相当するポストに就いており、研究している学科分野に造詣《ぞうけい》が深く、国際的にも高い知名度と重要な影響力を持つ者」です。当時の「百人計画」は厚遇を提示していました。年収は最低でも1000万円、住宅も国家から支給です。海外から人材を呼び戻したかった当時の中国政府の意気込みが感じられます。

さらに、ベンチャー企業を成功させて億万長者になりたいという夢を持つ留学生に対し、**「留学人員創業園」**もスタート。帰国者の起業をサポートするようになりました。このような優遇政策に惹かれ、帰国する留学生が少しずつ増えるようになりました。

2003年には海外留学生の帰国者数が2万人を突破。2005年には3万5000人となり、上海ないし中国全土で、「海亀派」は急増しました。

実際、友人たちは、2002~2004年の間に帰国しています。

本当に熱いムードでした。中国に帰った友人たちはみんな、**「中国はとても発展している、中国は変わった」**と熱っぽく語っていました。私が中国へ出張するたびに、挨拶がわりに「いつ中国に戻るの?」と聞いてきました。

当時は、すでに海外で学位を得ているのにまだ帰国しない人間を、時代に乗り遅れた者と見なすような雰囲気すら濃厚でした。私も、会社へ中国駐在の要望を出してみようか、会社を辞めて国に戻ろうかと、真剣に悩んでいました。

私も友だちも、誰もが「この国はより良い方向に向かい、ますますの発展を果たすに違いない」と思っていました。

海亀派もやがて祖国を去る？

当時中国に帰国した友人たちは、今でも中国で奮闘していますが、みな心境が変わってしまいました。

彼らは、中国で中流もしくは上流階層と見なされています。ただ、私が知る限り、中国でビジネスをしながらも、また海外へ出ようとチャンスをうかがっている人も少なくありません。

帰国して10年ほど経ち、多くの友人たちが中国の現状に対して複雑な感情を抱くようになりました。**決して祖国を愛していないわけではありませんが、祖国を深く愛し続け、すべてを心から受け入れるには、相当のエネルギーを持ち続けなければならなくなったのです。**

以下に少し、そんな友人たちを紹介します。

文美：アメリカへ留学し、米国公認会計士の資格を有しています。その後、アメリカ企業に就職し、**アメリカ国籍**を取得しました。２００３年にアメリカ某企業の上海支社ＣＦＯとして帰国しました。２０１２年、彼女は、香港へ移住することを決め、現在は手続き中です。

トム：アメリカへ留学し、その後シリコンバレーのＩＴ企業で勤務した後、カナダへ移民し、**カナダ国籍**を取得しました。２００２年にカナダ某企業の中国支社ＣＥＯとして帰国しました。２００５年、ヘッドハンティングされ、中国某国営企業へ転職しましたが、わずか10ヵ月でその中国企業を辞め、独立してＩＴ企業を設立しました。２０１１年、妻と子供をカナダに送り帰し、今は上海で、一人で事業を続けています。「もう疲れた。近いうちにカナダに戻る」と周りにこぼしています。

小雨：フランスへ留学し、２００３年に中国へ帰国しました。帰国した当初から、フランスワインの輸入会社を経営しており、中国のワインブームに乗って、会社の経営状況は極めて良好です。２０１１年からイタリア人の彼氏と付き合っており、近いうちに結婚して、ヨーロッパへ移住すると言っています。

このような例は、まだまだあります。

あの熱い帰国ブームの後、私たちは中国で何を経験してきたのでしょうか？

工場から市場へ

２００２年に、日本の中堅広告代理店・栄速社に就職した私は、すぐ日本企業の中国マーケティング作業に関わるようになりました。

中国における日本企業の進出ブームは3段階に分けられます。

第1次ブームは1985年から1987年ぐらい。円高が進行し、中国では経済特区のような外資優遇政策が整備されてきたことから、安価な労働力を求めて食品や繊維といった軽工業が大連などに進出していきました。

第2次ブームは1991年から1995年ぐらいで、急激な伸びをみせた時期です。主に電器、機械メーカーが生産拠点を求めて、香港の後背部である華南地域に進出しました。この時期まで、日本企業の中国進出は、ほとんどが外資優遇政策や安い人件費、コストを理由としており、**中国を「生産基地」と見なしていました。**

その後、2001年に中国がWTO（世界貿易機関）に加盟したことを契機に、様々な規制が緩和され、市場が一段と開放される中で第3次ブームが起こりました。日本企業は生産拠点だけでなく、販売拠点の確保も目指すようになり、**中国は「世界の工場」に加えて「世界の市場」としてのポジションも手に入れました。**上海を中心とする長江デルタ地域に多数の企業が進出しています。

私が入社したのは、ちょうど第3次ブームの最中でした。日本企業は中国への進出を加速させ、工場や生産基地を作るだけではなく、中国で商品を生産して、国内で直接販売するようにもなりました。多くの日本企業は中国市場への参入にあたり、日本製の商品をプレミアム商品として中国市場に売り込むことに注力していました。

2001年のWTO加盟と北京オリンピックの開催決定は、中国の本格的なグローバル化を象徴していました。このような変化もあって、海外から帰国する人が増加し、中国本土でも、収入の高い層が急激に増えていきます。

あのころが、中国の最も輝かしい時期だったのかもしれません。

まぶしい「世界市場」に魅了されたあのころ

誰もが中国市場の発するオーラに魅了されてしまいました。

当時、富裕層を調査した私たちは、彼らの裕福な生活状態に驚くばかりでした。北京の3億円のデザイナーズマンションをキャッシュで買っている人々がいます。家にはBMW、ベンツなどの高級車が何台もあります。学費・生活費をすべて負担して、子供を海外に留学させている人も少なくありませんでした。上海の租界時代の古い洋館は、平均でも3億～4億円、高い場合は10億～20億円くらいで売られていますが、そんな値段でもキャッシュで買う中国人富豪がいます。

上海で20代の女性テレビアナウンサーを訪問調査したときは、広々とした高級マンションの部屋に圧倒されました。ブランド品であふれたクローゼットは、本当に息を呑むほどでした。どの都市に行っても、熱気と勢いに満ちていました。高級レストラン、高級スパ、カラオケは常に満員で、予約しないと入れません。一緒に調査していた40～50代の日本人同僚たちは、「なんか、日本のバブルみたいだな」と囁《ささや》いていました。**中国では年収1000万円以上の人が3億人いるという噂も流れました。こうして、誰もが「この市場は巨大すぎる！」と思うようになりました。**

消費大国になりつつあるこの市場は、巨大で魅力的で、とても取り組みがいがある。私はそう感じていました。広告代理店の人間として、この市場のマーケティング作業自体がワクワクする、楽しい仕事でした。

今でも中国は好景気を維持していますが、あのころと今とでは、少し違う気がします。**2002年から2009年までは、中国全土が前に向かって疾走しており、中国の全国民がイケイケドンドン！　という感じでした。**海外から戻ってきた人、外資系企業に勤めている人、外国人、すべての人々が、中国はこれから大きく強くなっていくと信じていました。

「光」と「闇」の交錯

しかし振り返ってみれば、そのときすでに私は、中国社会の複雑さと中国ビジネスのリスクに直面していました。それを真剣に考えていなかったのです。

広州で調査を行ったときのことです。私たちは富裕層を調査していましたので、対象となる中国人はほとんど「マイカー」「マイホーム」を持っていました。

面白いことにそんな人々が申告している個人月収は、平均3000元（約4万5000円）～8000元（約12万円）です。中国は共稼ぎが多いため、世帯月収で6000元（約9万円）～1万6000元（約24万円）となります。

しかし、生活実態をヒアリングすると、日本の年収1000万円の人たちよりはるかに贅沢《ぜいたく》です。公務員や国営企業に勤めている人は月収が2000元（約3万円）～5000元（約7万5000円）くらいと書いてきますが、よくよくヒアリングをかけると、マンションを普通に2～3戸持っています。当時、中国は不動産ブームだったので、マンションの価格は非常に高いものでした。加えて車も、アウディやBMWなどの高級車でした。さらに一部の人々は、子供を海外に留学させていました。

そしてどんな収入層にせよ、ほとんどの調査対象者がインタビューで、ガンガン稼ぐチャイニーズ・ドリームを語っていました。

いったいどうやって、少ない月収であのようなライフスタイルを支えているのか。とても不思議でした。調査会場で何度か、調査対象者に対してこの不思議に思う気持ちをぶつけたことがあります。しかし、全員がにやにや笑うばかりです。ようやく、一人が「この収入は、給与明細書に書かれた金額だよ」と意味深に言いました。

「灰色収入」は中国でよく言われる言葉です。**白でもなければ、黒でもなく、灰色の収入のこ**

とです。出所不明の、合法でもなく、違法でもない収入を指しています。だから給与明細には出てきません。もちろん、私も日本に来る前から灰色収入という言葉を知っていましたが、本格的に中国企業との取引を始めてから、その実態を知ることになるのです。

当時の中国社会にはこんな一面もありました。夜、ホテルに戻って、リラックスしようと思い、少しメイクをして、日本人同僚と一緒に食事に出ようとしました。ロビーで待っていると、私のことを売春婦もしくは水商売の女性だと思い、次々と男性が声をかけてきました。そのような商売を高級ホテルのロビーでやっている女性もたくさんいたわけです。

高級レストランは、１皿８００元（約1万2000円）以上の料理を平気で頼んでいる中国人のお金持ちで満席でした。けれど一歩外に出ると、ホームレスの子供がたくさん座り込んでいました。そして当時の広州の治安は悪く、調査中の私はノーメイクにジーパンでびくびくしながらタクシーに乗っていたものです。

中国は、本当に深刻な格差社会で、その差がどんどん広がっています。社会の底で生きている人々がいったいどのように暮らしているのか、私にも分かりません。

いまだに中国全土がこのような感じかもしれませんが、**常に富と貧困、光と闇が交錯して混在しており、この国の本当の実態はなかなか見えません。**

ついに中国とビジネスができる！

２００２年から２００４年の間、私は日本企業の中国市場戦略ビジネスに深く関わるようになりましたが、当時はほとんど日本企業同士、もしくは外資系企業同士の取引でした。お金の流れで言うと、私たちは日本企業から仕事を受けて、お金をもらって、中国に進出している外資系の調査会社に発注し、お金を払っていました。つまり、中国企業と直接は仕事をしていませんでした。そのためトラブルもなく、スタッフ一同、中国市場とその消費者の分析に集中することができました。

そして２００５年、会社から上海万博関連部署への異動を命じられました。とても嬉しかったです。夢への第一歩を踏み出せたのですから。

北京オリンピックに次ぐ２０１０年の上海万博は、中国最大の国際イベントでもあります。その時期すでに、北京オリンピックに向かって中国経済はピークを迎えようとしていました。戦後日本でも、東京オリンピックに続く大阪万博で高度成長期がピークを迎え、先進国になったと言われています。ですから私たちも、数年後の中国は間違いなく、日本と同様に先進国の仲間入りをすると思っていました。人生において、このような瞬間に関わるのは極めて光栄なことだ、そう思いこんでしまいました。

また、上海エリア自体が、外資系企業にとって進出しやすい、商売しやすいエリアとして見なされています。マーケティング調査の結果も、上海人の価値観や消費センス、収入は、中国でトップレベルとなっていました。

だから私は、上海で自分のキャリアが一気に加速するだろうと信じていました。

ホット上海でグレー人間に出会う

2005年、栄速社上海万博関連部署の一員として、はじめて私は上海へ出張しました。当時の上海万博行政組織（主催機関）は、まだ20人くらいの少人数でした。スタッフの多くは、上海市政府（市役所）やメディアからの出向者です。友人がその一人を紹介してくれました。

上海の某大手企業からの出向者だということです。電話での印象は親切な感じでした。一緒にランチしながら情報交換するという約束でしたので、私は一足早くレストランで待ちました。

しばらくすると、少し色黒で背の低い50代の男性が入ってきました。たぶん服装のせいでしょう。彼は私が日本企業に勤めている中国人女性だとすぐに分かったようです。ニコニコして慣れた感じで、料理とお酒を注文しました。簡単な挨拶を交わしてから彼は、目を細くして、私を上から下までじっくりと観察し、いきなり「キミは、日本企業でいくら給料をもらっていますか?」と聞いてきました。

外国人の友人に「中国人は給料を気にしすぎる。平気で人の給料を聞く」と言われたことがありますが、自分の周りにはあまりそういう中国人がいなかったので、「わ、出た！　出た！人の給料を聞く中国人だ」と面白く思ってしまいました。

「そんなにもらっていないですよ」と答えると、「いったい、いくらぐらいもらっているの？毎月2万元（約30万円）？　それとも3万元（約45万円）?」としつこく聞いてきました。

「そんなにもらっていませんよ」と再び答えると、「え？　いったいいくら？　教えてくれ」とかなり強い口調で追及してきました。

事前に電話で「上海万博のことを教えてください」とお願いしたのに、このままでは**給料取り調べ大会になってしまいます**。

「日本は物価が高いけれど、給料はそんなに高くないですよ」と答えました。男性は露骨に面白くなさそうな顔をして、口を閉じてしまい、料理とお酒に集中しはじめました。私の質問に対して、ほとんどまともに答えてくれません。

このままでは食事の意味がなくなります。私はやむをえず「毎月2万元ぐらいかな。でも日本は税金が高いので、そんなに残らないですよ」と言ってみました。すると、何かのボタンが押されたように、男性の目が急にキラキラしはじめました。

「2万元って、高いよ。オレの給料は、いろいろ入れても毎月4000~5000元（約6万

〜７万５０００円）しかないよ」

そして、私の目を見つめて、単刀直入に「これからキミに万博の情報をいろいろと教えるから、情報提供料をくれないかな」と言ってきました。

「情報提供料」とは？

いくら何でもストレートすぎます。私は驚き、あわてて「情報提供料って、だいたいどんな感じのものでしょうか？」と確認しました。

彼は、ゆっくりとビールを飲むと、

「ほら、キミがいるのは外資系企業だから、何か成果をあげないと、クビになっちゃうだろう？　だからオレは、キミに万博の情報を教えてあげるんだよ」

と自信満々に言ってきました。きっと、この小娘は自分の言いなりになると思っていたのでしょう。

「情報って、どんな情報ですか？」

「いろいろ。情報提供料をくれれば、教えるよ」

彼は苛立《いらだ》ってきたようです。吐き捨てるように言いました。

「情報提供料って、いくらぐらいですか」

私はすでに、この人とはあまり関わらないほうがいいと思っていましたが、あまりにも想像を超えた話だったので、ちょっと聞いてみたかったのです。

彼は再び目を光らせ、こう言いました。

「たとえば毎月2000元（約3万円）か3000元（約4万5000円）をベースにして、まあ、内容に応じて、調整する感じかな。どうせキミも会社の経費で払うだろう？　キミは若いのに給料はオレよりずっと高いんだから、キックバック（支払代金の一部を謝礼金などの名目で支払人に戻すこと）も必要ないだろう？」

その後も、彼はずっと情報提供料の交渉をしてきましたが、具体的な情報の中身については一言も触れようとしませんでした。そして最後に、「考えてみなよ。オレがいないと、キミはなかなか上海万博行政組織の人と知り合えないよ」と言い残し、飲み干した2本のビール瓶を残して去っていきました。

もちろん、私が彼に連絡することはありませんでした。

1年後、私は順調に上海万博行政組織の様々な部署とコミュニケーションを取りはじめ、頻繁にそのオフィスに足を運ぶようになりました。ある日、ロビーでその中年男性にバッタリと会いました。でも、私たちは、簡単な会釈《えしゃく》しかしませんでした。

その後、彼が情報提供料をくれる人間を見つけたかどうか分かりませんが、このような人は、その後のビジネスにおいても続々と出てきました。

携帯に知らない男性から「会おう」

２００５年9月、上海へ出張に行ったとき、携帯に一本の電話がかかってきました。電話の男性は自分の名前すら言わず、いきなり「栄速社の張さんですか?」と聞いてきました。

「はい、そうです。どなたですか」と答えると、電話の向こうで少しざわざわした音がします。男性は低い声で、「張さんは上海万博を担当していますよね。私は、上海万博行政組織のトップをよく知っていますよ」と言って、何人かの政府幹部の名前を挙げました。

しばらくの沈黙の後、男性は私に「どこかで話しませんか」と言いました。もちろん、こんな怪しい電話相手になど会いたくありません。ですが相手は、私の携帯番号や会社名、名前を知っています。どこかで情報を入手したのに間違いありません。ここで断って敵を作ってしまうと、今後のビジネス現場において、裏で何か邪魔をされる懸念《けねん》があります。そのため、仕方なく会うことにしました。

やはり不安ですので、上海花園飯店（ガーデンホテル）のロビーで昼間会うよう指定しました。花園飯店はホテルオークラの運営で日本人が多いので、少しは不安が薄れます。すると男性は、「いや、夜19時にしましょう」と言ってきました。

私は「夜は別件が入っています。すみませんが、昼間でないと時間が取れません」と拒否しました。

男性は、「分かった。じゃあ16時に国際飯店のロビーで待ち合わせましょう。オレは、ほかの用事があって、あそこが一番便利なんだ」と言って、すぐ電話を切りました。

上海国際飯店（パークホテル）は、1930年代ではアジアで最も有名なホテルだったそうです。しかし今は、中国国営企業が経営しており、食事もサービスも一流とは言えなくなっています。

16時、うす暗い国際飯店のロビーに着いた私は、その男性らしき人間を探していました。一人の男性が私に向かって手を振ってきました。

「張さん、ここだよ、ここ！」

痩せた40代の男性がポロシャツを着て、カバンを脇の下に挟んで、タバコをスパスパ吸っていました。

「オレはいろんな人を知っている」

「こんにちは」

私は、少し警戒して、男性の向かい側の椅子に座りました。相手の身元がまったく分からず、怪しい雰囲気も漂っていましたから、私は名刺を渡しませんでした。男性も名刺交換をする気などないようです。

私を見つめて、「張さんは、日本に行って何年目ですか。中国で働いたことがありますか」と聞いてきました。私は「中国で大学を卒業してから、すぐ日本に行ったので、中国で働いたことはないです」と答えました。

このままだとなめられると思って、私は加えてこう尋ねました。

「失礼ですが、まだお名前も伺っていません。どうやって私の名前と携帯番号を知ったのでしょうか？　今日のご用件は、なんでしょうか」

男性はにやにや笑って語りはじめました。

「オレは上海万博行政組織をよく知っている。そこから張さんの名前を聞いたんだよ。本題に入ろうか？　オレとオレの友だちは、上海市政府や上海万博行政組織のいろいろな人を知っている。特に上の人をね。張さんは会社で実績が必要だろうから、オレは、いろいろな人を紹介してあげようと思っている。まあ、でも、紹介料は、少しいただくけどね」

「さすが中国人！　ストレートで分かりやすい」と、私は少し笑いそうになりました。

私はニコニコして、男性に「紹介料って、相場はどんな感じでしょうか？」と尋ねました。

私の言葉を聞くと彼は喜んだ顔をして、「さすが名門大学出身の張さんだね、飲み込みが早い！　だったら、オレも正直に言うよ。課長クラスなら、面談1回で1500元（約2万250

0円）ぐらい。部長クラスなら、3000元（約4万5000円）ぐらいだ」と言いました。

私の出身大学まで把握していました。この男性は、周到な準備をしてきたのでしょう。

「面談でビジネスに繋《つな》げられるのでしょうか？　ビジネスにならないと、弊社では何の実績にもなりません」

私はストレートに突っ込みました。男性もストレートに返してきます。

「張さん、すべては『関係（コネ）』だよ。コネがないと、何も動かないよ。上海万博行政組織の幹部のもとでは、いろいろなプロジェクトが動いている。国からも大きな予算をもらっている。彼らと仲良くしたら、プロジェクトを受注できるさ。かならず張さんの実績になるから、セッティングしてみましょうか？」

「その紹介料は、誰に渡しますか」

「オレに渡してくれればいいんだよ」

その後も男性は、延々とコネの重要性を語り続けました。熱心にしゃべるあまり、唾《つば》が飛んできます。私の顔についてしまいそうでした。

「上海万博」は大きなケーキ。誰でも一切れは食べられる

しゃべり疲れたのでしょう、彼はゴクゴクと水を飲み干しました。私はそのスキを見て、彼

に「私では決められませんので、会社で相談してから連絡しますね」と伝えました。彼は私の目を見つめ、こう付け加えました。

「張さんは、中国人だから、中国社会ではコネがないと何もできないのは分かっているでしょう？　うまく日本人を説得してね。上海万博は、大きなケーキのようなものだから、誰でも一切れは食べられる。早いもん勝ちだよ。これも日本人にうまく伝えてね」

私は、「今日はいろいろと教えていただいて、本当にありがとうございます。了解しました。日本人にうまく伝えますね」と言って、丁寧に別れの挨拶をして、その場から逃げました。彼の連絡先どころか名前も知らないままでした。まあ、聞こうとも思いませんでしたが。

でも、私は知っています。**このような人に対して、その話に乗ってはいけませんが、敵に回してもダメです。丁寧に扱ったほうがいいのです。彼らを敵に回してしまったら、ビジネスにおいて見えないところで邪魔されるからです。丁寧に接するふりをして、上手にかわし、フェードアウトしていく。そうしないと、無駄で莫大なエネルギーと時間、場合によっては資金を消耗してしまいます。**普通の人と違って、このような人間たちは、時間だけはたっぷり持っていますから。

彼らが要求してきたものが、まさに「灰色収入」ではないでしょうか？　その後もいろいろな場面で、中国人の「灰色収入」を知ることができました。

もちろん、上海万博業務においても、まともで真剣な中国人が大勢いました。

でも、至るところで、このようなグレー人間に出くわします。

彼らはコネや金銭など、目先の利益で相手を説得し、自分たちのグレーの世界へ引き入れようとします。真っ白な牛乳に墨が垂れたときのように、このようなグレーの汚点は、周りの白さを汚していきます。**中国の社会では、このような汚点が常にポツポツと出てくるので、どこが白なのか、どこがグレーなのか、区別するには能力とエネルギーが必要です。少しでも間違えたら、すぐグレーの世界に入ってしまいます。**

このようにして、２００５年から、私は本格的に中国ビジネスをスタートしました。

第3章 「中国で稼ぐ」見果てぬ夢

オリンピックと万博

2006年、上海万博行政組織や各出展企業、各関係者が本格的に動き出し、各プロジェクトにおいて受注企業を決めるためのコンペがスタートしました。

2年後に北京オリンピックを控えているため、上海万博の多くの施策は、北京オリンピックのマネをしていました。

しかし万博は、オリンピックと本質的に異なる国際イベントです。オリンピックは、企業にとってスポンサーになる意義が大きいものです。テレビの中継を通して、スポンサー企業は自社のCMや競技場に掲示した広告を発信できるため、すべての視聴者に対し、自社のイメージをストレートに伝えられます。同時に、スポンサーは、スポーツを応援しているというイメージのもと、企業ブランドイメージをアップできます。

たとえば、コカ・コーラは一貫してオリンピックスポンサーであったので、若年層の支持率が高くなっています。

そして、オリンピックのスポンサーについてはすでに健全な制度が構築されており、どの国で実施する場合でもほぼ同じ制度で運営できます。

対して万博は、現場主義のイベントだと言ってもいいでしょう。万博は会場、つまりパビリオンとイベントが主なコンテンツです。言い換えれば、万博の主な収入源は、入場料です。

また、パビリオンを出す国や企業にとっては、万博で自国の文化・特徴や企業の先進的技術、企業文化、企業の試みを伝えることが重要です。しかも万博は、オリンピックと違って、定められたスポンサー制度（経済面での運営制度）がないため、開催国の裁量でその都度《つど》開催方法を決めていきます。

政治状況の急変

このように、本質的に異なる2つのイベントですから、それぞれの運営方法について中国政府はよく考えるべきでした。しかし、そうはなりませんでした。

実は背後に、上海市の大きな政治事件が絡んでいたのです。２００６年9月、上海市政府の最高指導者つまり同市共産党委員会書記兼上海市市長の陳良宇が失脚してしまいました。陳良宇は、中国国家の上海万博招致委員会副主任でもあり、万博誘致に大きな貢献をしました。そして、当時「上海派」と呼ばれていた江沢民や朱鎔基の厚い信頼もあって、陳良宇時代の上海は、中国の最大諸侯国のようなものでした。

陳良宇の失脚はあまりにも突然でした（失脚の正確な理由は、今でも判明していません）。私はちょうど上海に出張していました。メディア関係者はみな、一夜明けたらバタバタしはじめ、電話にも出なくなりました。ある大手新聞社の友人は、ビクビクしながらも電話に出てくれましたが、「今は、電話してはいけないと言われている。しばらく連絡を取れないんだ」と言って、急いで切ってしまいました。報道の方向性について、すべてのメディアが緊張しながら中央政府の指令を待っていたのです。有名な馬勒公館（モラー邸）には、中央政府から来た調査員が200名も詰めていると噂されました。

2006年9月から11月まで、上海万博行政組織は機能不全に陥ってしまいました。すべてが混乱していたのです。その後、12月から2007年1月にかけて、中央政府の国有資産監督管理委員会が登場し、上海市の各メディアグループや政府部門のトップが、上海万博行政組織を率いるようになりました。

こうして、上海万博に関するすべての決裁は、必ず中央政府に指示を仰ぐようになったのです。そして、ちょうどそのときから、コンペがはじまりました。

日本だけではなく、アメリカやイギリス、フランス、イタリアといった国々の優秀なデザイン企業や様々な広告代理店がコンペに招待されました。

無限コンペ地獄

上海万博より前の万博の歴史において、１９７０年大阪万博の来場者がもっとも多く、６４００万人を記録しています。２００５年愛知万博も成功した万博と見なされていました。上海市政府やメディア、上海万博行政組織の多くの関係者は、愛知万博を訪ねて完成度の高いパビリオンを見学しており、学ぼうとする姿勢を見せていました。

そのため、愛知万博に関わった日本企業の参入が喜ばれました。当初は、中国側の誠意も感じました。日本側は、先生のような存在として、どこでも歓迎され、尊敬されました。同時に中国側は、愛知万博の成功を見て、上海万博も大きなビジネスになると信じていました。上海万博で大きく儲けようとする中国人がとても多かったのです。

日本企業もビジネスチャンスを見込んでいて、中国側と積極的にコミュニケーションを取っていきました。私も、怪しげな中国人に会ったぐらいで、中国ビジネスへの情熱が冷めたりはしませんでした。

大型イベントのコンペが始まりました。最初に渡された応募書類は、中国語と英語で書かれた、きちんとしたものでした。中国側はグローバルな姿勢を見せているように思えたのです。

私たちも社内で最優秀のスタッフを集め、クリエイティブな企画案を作りました。

しかし、コンペは私たちの想像していたものではありませんでした。

まず、応募書類には、「書類審査およびプレゼンで勝者を決定する」と書いてありましたが、そのプレゼンの回数が、びっくりするほど多かったのです。

書類審査を通過し、プレゼンも無事終了。結果の連絡を待っていたら、２週間後、「２次プレゼンを行います。企画案をブラッシュアップし、また来てください」という知らせをもらいました。

１週間後、ほぼ徹夜状態で、要求に従って企画書を再度作り直し、上海へ飛びました。私たちは当時、冗談で「日本が上海に近くてよかった。アメリカやヨーロッパの会社は大変だね」と言っていました。２次プレゼンでは、１次プレゼンの審査員とまったく違うメンバーが出てきて、プレゼンを聞いていました。

さすがにこれで決定するだろうと思っていましたが、10日後、意外にも３次プレゼンの知らせが届きました。

ここで、社内では議論となりました。今までのプレゼン費用と出張費は、全部自社負担となっています。中国側のコンペ招待書類には、イベントの予算も書かれておらず、３次プレゼンがどのくらいの規模になるのか予測できません。これで敗れたら膨大な経費を無駄にしてしまうので、３次プレゼンを辞退する流れになりました。

このような意思を中国側に伝えたところ、中国側には、「これが最後のプレゼンとなります。ここでやめるのはもったいないですよ」と言われました。悩んだ末、3次プレゼンに参加することに決めました。

上海へ行ってみると、ヨーロッパの企業2社はすでに辞退しており、残り4社が3次プレゼンに参加することになっていました。

プレゼンが終わり、帰る前日、突然中国側から連絡があって、「案の方向性を修正してほしいので、もう少し上海に滞在してください」と言われました。もちろん、延長した滞在費用は、すべて各コンペ参加会社が負担します。

軟禁生活

結局、2週間近く滞在を延長することになりました。その間の生活は、以下のような長い長いものでした。

朝8時半から会議室で待機です。しかし会議の開始時刻も終了時刻も知らされません。中心人物であるトップは、そのスケジュールが流動的らしく、いつも急に会議室に入ってきて、急に会議をスタートします。また、急にいなくなり、会議が中断されます。中国側は食事を用意してくれていましたが、このトップが入ってくると食事は中断され、会議が始まります。

夜の21時くらいにやっと解放されますが、ホテルに戻ってからは修正作業です。そして夜中でも電話がかかってきます。「今、トップから新しい構想が出たのですぐ会いたい」と言われると、何時であってもすぐ行かなければなりません。

いわば我々は、**昼間は「待機」と「会議」の繰り返し、夜は、「呼び出し」と「企画案の修正作業」の繰り返し**という感じでした。

企画案は数えきれないほど修正させられましたが、まったく出口の見えない状態でした。疲《ひ》労困憊《ろうこんぱい》したスタッフは、みなストレスで精神を痛めつけられました。私自身も「待機」と「会議」を繰り返し、長時間の通訳をした結果、めまいで苦しむ状況でした。

何度も中国側の担当者に「いったいいつ結果が出るのですか」と尋ねました。しかし、明確な返答は得られません。ひたすら会議室に閉じ込められる日々が続きました。このままでは、スタッフの精神状態が危険です。「会社の命令で帰国しなければならない」と交渉し、無理矢理に上海から逃げ、日本に帰国しました。

このような長い期間にわたるコンペを実施したのに、結果発表はありませんでした。

そして、コンペに参加したすべての外国企業に、受注の連絡は来なかったのです。その大型イベントの業務は、最終的に中国企業が受注したようです。

あのコンペは、いったい何の目的で開催されたのでしょうか。イベントの本番では各外国企業が作った案が参考にされ、巧妙に融合されていたと聞きました。

つまり私たちは、無償でアイデア出しをする存在だったのです。

コンペの本当の目的

中国では、このような話が多いようです。特に政府や行政機関が主催するコンペは、なかなか決まりません。ひたすらプレゼンを重ね、なかなか結果を出さないのです。

その一番の理由に、内部の関係者の利権争いが挙げられます。担当者がみな自分にとって都合の良い企業を選びたがるのです。

だから、外国企業が真面目にコンペに参加しても、選考基準が分かりませんし、選ばれる確率も低くなります。その裏で動いているいろいろな要素が見えないからです。先のプレゼンの主催者に、後になって私たちが選ばれなかった理由を尋ねたところ、彼らは「中国企業は、より自分たちの意図を理解してくれる」と言い訳しました。それなら最初から、中国企業だけでコンペをすればいいはずです！

おそらく、国際的なプロジェクトや大型プロジェクトで中国側が外国企業をコンペに招待する理由には、以下のものがあるのでしょう。

1．外国企業をコンペに招待することで、公平なコンペを実施しているということを国内外に

示したい。

2．外国企業のアイデアをもらいたい。

最終的に発注先を中国企業にする理由は、コネに加えて、予算が見合っているという事情もあります。ならば外国企業は、この種のコンペに呼ばれたら最初から辞退すべきでしょう。

特にイベントやコンテンツ絡《がら》みのコンペの場合は、実態の把握が難しくなります。結果的にはアイデアだけ奪われてしまい、よく似たものを中国企業に低コストで制作されてしまうケースが少なくありません。高度な技術の場合なら、なかなか模倣できませんから、その高度技術を持つ外国企業から学ぼうとする場合もありますが、アイデアやコンテンツなら、類似したものを作れますので、コンペの主催者が中国企業に企画書を流して剽窃《ひょうせつ》させてしまうのです。

確かに、コンペ招待書類には「企画書やアイデアなどのすべての情報は、第三者に渡しません」と明記されています。しかし私は、まったくコンペに参加していなかった中国企業のスタッフが、そのコンペに参加した外国企業の企画書を読んでいる風景を目撃したことがあります。そのときの驚き、怒りときたら……！

我々が徹夜を重ねて、莫大なエネルギーを注いで作った企画書も、簡単に第三者の手に渡っていたのでしょう。

この後も、私たちが参加したコンペの多くは、勝者が出ませんでした。そして最後の最後に、コンペに出てもいなかった中国企業がプロジェクトを受注していきました。

フェアな競争は存在しません

私は中国人でありながら日本企業に勤めているため、このようなショックを多く経験してきました。

外国企業が中国でコンペに参加すると、企画書を出した時点で、アイデアが盗まれるリスクを背負うことになるのです。

よく知られていますが、中国では、アイデアやコンテンツの知的財産権に関する意識が希薄で、海賊版や模倣品が横行しています。これは、政府機関や行政部門、国営企業でも同様なのです。

一番注意しなければならないのは、企画案をめぐり、次々と詳細なプランを求められるときです。具体的な発注時期や契約内容を明らかにせず、大きなプロジェクトを餌にして、コンペ参加企業に次々と詳細案を出させるのは、中国側の慣れた手法です。

詳細案を求められたら、コンペからの離脱を真剣に検討したほうがいいでしょう。大切な技術やコンテンツをコピーされて、大打撃を食らったあげく泣き寝入りする企業は少なくありません。

私たちは当初、このような実態を認識できていなかったため、真剣に対応し、詳細な案を次々と出しました。いや、このように対応したのは、アメリカやヨーロッパの企業も同様です。我々は戦友のように、一緒に詳細案を出し、丁寧に対応しました。彼らは私たちと同じように、多くの企画やアイデアを出しましたが、結局は何も得られず、最終的にその大型イベントの業務に関わることができなかったのです。

私は中国側の各担当者とも仲良くしていたので、その後いろいろと親密な会話をすることができました。悶々《もんもん》と悩んでいたのは、我々のような外国企業だけではなかったようです。

中国で大型イベントが行われるとき、通常はメディア企業や経済関連行政部門、通信情報管理部門などが参与します。上海万博行政組織も同様でした。そして例のコンペは、上海のあるＩＴ企業が行政部門と組んで主催していました。その目的は、業務を自社に流すためだったようです。

コンペの結果が出たら、選ばれた外国企業を自分たちの会社と組ませて「国際チーム」を作り、一緒に作業を受注する構造にしたかったようです。このような「国際チーム」はグローバルに見えるし、外部からは公平なコンペを開催したようにも見えます。一石二鳥のやり方です。

しかしその後、中央政府の国有資産監督管理委員会が全面的に介入し、上海万博行政組織に独自の業務を許しませんでした。コンペを実施したＩＴ企業も、２００８年以降は上海万博の業務から消えてしまいました。私たち外国企業も翻弄されましたが、おそらく見えないところで、中国企業も政府のコロコロ変わる判断に翻弄され、さらには中国企業同士で争い、苦労していたのだと思います。

会議室でのつるし上げ

２００６年から、次々とビジネスチャンスらしきものに見えたコンペ招待が届きました。私は頻繁に上海へ行き、目の回るような激務をこなしました。でもそのときは希望の光を見た気がしていたので、とても充実感がありました。

２００６年の秋、栄速社は、中国大手食品会社・満風社と万博関連の契約を結ぶことができました。これは２００５年以降、上海万博関連で売り込みを始めて最初の契約です。チーム一同、大喜びでした。この案件は、中国支社を主体として業務をこなすことになりました。日本の本社は、あくまでもノウハウと経験の支援となります。

しかしこのような喜びは、３ヵ月も続きませんでした。

ある真冬の午後、上海にいた私の携帯に突然満風社の史さんからの電話が入りました。「すぐ来てくれないと、契約を打ち切ります」と言っています。私は、日本本社に緊迫した状況を報告し、急いで満風社に向かいました。

到着したのは16時ごろです。大きな会議室に案内されましたが、誰もいません。緊張もあって、寒さを感じました。しばらく待っていると、厳しい表情をした男性6～7人が入ってきて、私の向かい側に一列に着席しました。その中に史さんはいません。

「先ほど史さんからお電話いただきました。どんなご用件でしょうか？」

緊張した空気が漂っていましたが、私はなるべくニコニコしながら、素直に質問をぶつけてみました。

しばらくの沈黙の後、真ん中のトップらしい人物の隣に座った30代の短髪の男性が、早口で発言しました。

「張さんの会社は、愛知万博に関わった経験があり、我々はとても尊敬しています。我々は御社の日本本社のノウハウと経験を期待して、万博業務の契約をしました。しかし、実際には日本の優秀なスタッフが出てこないではありませんか？　中国支社の社員たちには、我々と同様に万博のノウハウがない。ならば我々にとって契約する意味がありません！」

その後、私は、延々と男性たちから厳しい口調で怒りをぶつけられました。

忘れがたい経験です。大きな会議室で居並ぶ満風社の社員を前にたった一人で座り、どこまでも孤独を感じていました。

ようやく終わったのは夜になってからです。ビルの玄関から出た瞬間、私は涙が止まらなくなり、杭州の大通りで一気に泣き出してしまいました。泣きながらタクシーを止めて乗り込むと、上海の友人に電話し、「このプロジェクト、もうやってられない」と泣き声で話しました。すでに中国ビジネスの困難さからストレスがたまっていたのだと思います。「やってられない」という言葉も、当時は本気の気持ちでした。

思い込みで契約した失敗

実は契約を締結したとき、私はすでにリスクを感じていました。

中国支社は、日本本社の万博経験を売り物にして満風社と契約しましたが、契約条件の詳細について、日本本社側とうまく情報を共有できませんでした。たとえば、諸費用を、中国支社で作業を行うものとして計上していたのです。

また、栄速社内での評価を気にしていた人々が、支社にも本社にもいて、まず受注という実績を作りたがったことも、大きな要因です。いろいろなリスクについて、見ないふりをしていたのです。

満風社が期待していた栄速社の万博ノウハウは、日本本社の日本人のスタッフの頭に入っています。最初のうち日本本社は、頻繁に企画書などを提供していましたが、ここですでに、２つの大きな問題が生じていました。

一つは、日本本社の人件費は中国支社のものよりはるかに高いため、日本本社でずっと企画書作成・資料作成を続けると赤字になってしまう、という点です。

もう一つは、それゆえ日本本社が中国支社を活用した結果、本社とクライアントとのやりとりは、お互いに顔が見えない伝言ゲームになってしまったという点です。結果、資料作成において、うまく満風社の需要に合わせられませんでした。

日本企業の中国進出ないし海外進出には、常にこのような問題が存在しています。本社の現地支援という問題と、本社と現地子会社の連携という問題です。この業務でも、身に染みて実感しました。

日本本社と中国支社の間の歯車が合わず、仕事が破綻《はたん》してしまうことは、その後も数えきれないほど経験してきました。中国のビジネス環境が過酷であると同時に、日本企業の体質的問題が、この過酷さを激化させていると感じています。

栄速社の中国支社は、新規クライアントを口説くために、日本本社のノウハウを最大のセールスポイントとしていましたが、満風社に対して、日本本社で作業をした場合のコストを提示していませんでした。

実際、もし満風社の望むスタイルでプロジェクトを推進したら、日本本社のスタッフは、頻繁に上海へ出張に行かなければならなくなります。そして、資料などは日本で完成させなければなりません。それでは、人件費も経費も予定を大幅に超過します。

一方、満風社にとって、すでに高い金額で契約しているのに、思う通りにしてくれないのは、やはりイライラすることです。中国では基本的に、お金を出す側はとことんサービスしてもらって当然だという考えがあるからです。

「お客様は神様です」という言葉がありますが、これは、成熟した社会におけるサービス業のマナーだと思います。もし中国で「お客様は神様です」という理念で契約したら、受注側は間違いなく奴隷になってしまいます。

しかも、彼らの心理の底にはもう一つの考えがあります。それは多くの中国大手企業が「どうせ我々と仕事したい企業は山ほどある」と思っていることです。**中国社会のざわざわした雰囲気の中では、じっくりとパートナー企業と付き合う余裕がありません。**まるでお金持ちのプレイボーイが、次々と彼女を替えても構わないと考えているようなものです。

ただし、この嚙み合わない状況について、私は栄速社側にも責任があったと思います。繰り返しになりますが、社内の情報共有が不十分だったため、このような奇形的な契約をしてしまったのです。

満風社は栄速社の日本本社のノウハウと人材を買うつもりだったのに、栄速社の中国支社は中国支社で中国支社のスタッフが作業を行うという設定の金額で契約してしまいました。中国支社は、満風社の高度な要求に応えられず、日本本社に助けを求めてきました。総合的に見ると、契約したにもかかわらず、すぐ赤字状態になってしまいます。

満風社の怒りは分からないでもありません。納品されたものが、買おうとしていたものとあまりにも違うからです。

契約時には、業務内容を具体的かつ詳細に規定することがとても大切です。もし日本本社の技術・業務ノウハウなどが必要な場合、そのことも必ず明記し、加えて必要となるすべての人件費、現地出張の交通費、コストなども、明記すべきだったのです。

結果的に、この奇形的な契約を続けることはできませんでした。

第4章　欲望に満ちた市場、果てしない孤独感

いい人材はすぐヘッドハント

上海万博の実作業で私は、日本と中国の両企業の間に挟まれ、孤立無援のような状況になりました。

最初の奇形契約による失敗を挽回するために、この契約の条件変更を優先せよ、という戦略が立てられました。そこで私は、日中両国の言語と事情を熟知していることで、この戦略の前面に出ることになりました。栄速社の日本本社と中国支社のスタッフ、中国企業の間の調整・連携を中心とする業務でした。

中国人の離職率は極めて高いと知ってはいましたが、現場に入ってみると、想像以上に厳しく感じました。日本でも景気の悪化とともに終身雇用制度もだんだん崩れてはいますが、それでも中国よりマシです。中国人は勤務先へのロイヤリティが低いです。また、特に若い世代の

中国人は、日本人以上に３Ｋの仕事をしたがりません。

　中国での就職状況は、実に矛盾した状況です。就職難と言われていながら、離職率が高いため、企業側には、じっくりと人材を育てる余裕も姿勢もなく、採用する際はどうしても即戦力を求める傾向にあります。このような雇用環境は、スキルと給与の格差をますます悪化させてしまいます。実務経験のある人は高い給料をもらえますが、実務経験のない人は、どうせ離職してしまうからと、安い給料で雇われてしまいます。

　特にマネジメント能力のある人やプロジェクトをプロデュースする能力と実務経験のある人は、人材市場で常にヘッドハンティングされます。

　どうやら、中国のヘッドハンティング会社間で人材リストを共有しているようです。いったん高給で転職した経験があれば、名前はリストに載せられ、いろいろなヘッドハンティング会社からアプローチされるようになります。要するに、そのような人材は、ヘッドハンティング会社にとってとても良い商材なのです。次々と好条件が提示されてくる状況で、一つの企業で長年にわたって実績を積み上げていくことなど、できることではないだろうと想像できます。

　一方の、一人っ子世代の新卒社員には、「下積み」する気持ちはさらさらありません。そもそも中国人には、「下積み」「我慢」といった、日本で美徳とされている行為に対する意識が極めて薄いと言えます。これには複雑な文化背景がありますが、中国で大学教育まで受けてきた私は、以下の理由ではないかと考えています。

1980年代以来、アメリカの「個」を重視する思想を導入してしまった中国の大学教育では、集団主義より個人主義が氾濫するようになりました。また、文化大革命時代の歪《ゆが》んだ「組織」教育が、多くの人々に辛い記憶を残してしまったものですから、「組織」より「個人」を重視する思想へ極端にシフトしてしまったのではないでしょうか。

日本企業が嫌われる理由

中国の若者は、成功やお金持ちになることを夢見ますが、「下積み」におけるルーティン作業をする気持ちはありません。会社で少しでもいやな目に遭うと、すぐ転職を考えます。このような人材は、前述の高給取りの経験者たちと違って、会社を転々としてはいますが即戦力ではなく、企業間の流動的な人材にすぎません。

企業にも、このような人材をじっくり育てる気持ちはありません。中国企業や香港企業、台湾企業、欧米企業などは、基本的にシビアに人材を雇っています。

しかし、終身雇用制度に慣れた日本企業は、そこまでシビアに人を扱うことができません。日本企業が苦戦する問題の一つは、人材の確保とマネジメントの問題なのです。

日本の大手企業は、年功や潜在能力を重視する傾向にあります。だから、会社に入って、まず「下積み」をしてから、徐々にのぼっていくという風潮が主流です。しかし中国の若者は、このようなゆっくりとしたスタイルを好みません。むしろ、個人プレーをやって、素早いスピードでキャリアを積んでいくことを求めます。

日本企業が提供するキャリアパスが現地のポテンシャル人材（成長が期待できる人材）**の欲求とミスマッチしています。平たく言えば、昇進の遅さが、現地の優秀な人材を遠ざけているということです。**日本企業から欧米系企業や中国企業に転職してしまう中国人は、その理由として、「キャリアパスが見えない」としばしば口にします。

日本企業の「じっくりと人材を育て、企業家族に入ってもらおう」というスタイルは、中国人に向いていません。就職難世代と言われる、ここ数年新卒で採用された中国人すら、なかなか日本企業に定着しません。ある日本企業が上海へ進出し、初年度に10名程度の新卒大学生を採用しましたが、わずか1ヵ月で半分が離職してしまいました。理由は、「下っ端《したっぱ》でいろいろとやらされるから、いやだ」というものでした。

日本なら、「石の上にも三年」が一般的な考えですが、中国人は、「よっぽど美味《おい》しい職場でない限り、3年間もルーティン作業なんてやってられない」と思っています。

進んで横領犯を雇ってしまう

そして**日本企業は、人を見極める能力が極めて低いようです。**日本人はネームバリューに弱いため、前職が中国の国営企業や政府部門だと聞くと、ついつい「中国社会は、コネ社会だから、いいコネを持っていそう」と想像しがちです。実はこのような人は、前職の悪い部分を持っており、会社に入ってもあまり働こうとしません。それどころか、会社を食い物にしようとします。関係者とグルになって、不正を働くのです。

「これはひどい人材だった」と後悔して解雇しようとしても、彼らは政府部門との関係を利用して、訴訟を起こしたりします。その結果、労働法違反との判決が下され、高い賠償金を支払うことになった日本企業も少なくありません。

ある大手日本企業の人間から聞いた話です。その会社は上海市政府の行政部門に勤めていた楊という人間を雇いました。雇った目的は、もちろん楊の政府関係のコネクションです。しかし楊は入社すると、平然と業務を友人の会社に発注して、キックバックをもらっていました。また、知人をコンサルタントに仕立て、高いコンサルティング費用を会社から払わせ、その知人からもキックバックを得ていました。とにかく、日本企業にいる間、このような行為を続けていたようです。

ようやく会社側は証拠をつかみ、楊を解雇しましたが、楊のコネクションがここで生きてくるのです。楊は政府の関係者と組んで、違法解雇という理由で訴えてきました。訴訟は2年にわたり続けられ、日本企業は一審で敗訴しました。控訴しましたが、一審判決を支持すると言い渡され、完全敗訴となりました。

こうして日本企業は巨額の訴訟費用を費やしただけではなく、ウン千万円の賠償金を支払うはめとなりました。楊はこのお金で起業し、今では成功した社長として楽しく生きています。

このように、人材を雇い間違える日本企業の事例を数多く聞いてきました。

終身雇用なし

現在、中国の新卒就職率の低さは、日本の就職氷河期をはるかに超えています。

たとえば、上海の大手メディアグループの新卒採用人数は、年間30人未満だそうです。倍率は数百倍を超えます。これでは相当に強力なコネがなければ入れません。

中国最大の携帯通信キャリアであるチャイナモバイルは、２００７年から新しい新卒採用制度を導入しています。すべての新入社員は、いったん人材派遣会社の社員となります。５年の満期を迎えると、会社側の査定があります。そこで優秀な人だけ正式にチャイナモバイルの社員となり、また契約を更新していく感じです。

これは日本人からは過酷な雇用条件に見えるかもしれません。しかし、これは企業へのロイヤリティがきわめて低い中国人自らが招いた環境だと私には思えるのです。実際、私が知っている日本企業も、同様な制度を導入しはじめました。採用した人材をいったん人材派遣会社に預け、１年以上の実務を通して、その能力と人間性で採用の可否を再判断するのです。ただ、このように大胆に中国企業並みの人材採用制度を導入している日本企業の社長の多くは、中国人です。

中国では、公務員を除いて企業の終身雇用がほとんどありません。基本的に年に1回か、最長でも5年間に1回、雇用契約を更新します。いわばすべての人が契約社員です。2007年に中国の労働法が改正され、被雇用者保護の措置が取られましたが、現状は、あまり変わっていないようです。ただ上海では、10年間同じ会社（職場）で働いていれば、該当会社の終身雇用社員になるという制度を導入しているようです。しかし、10年間同じ会社に勤めるのは至難の業です。従業員も、企業側も、10年間も付き合おうとする発想がないからです。

2011年ごろ中国で流行した「蟻族《アリ》」という言葉は、大学を出ても希望の職業に就けず、安い給料の仕事を転々とする**高学歴ワーキングプア**を指しています。

就職が困難なのは中国本土の新卒生だけではありません。海外留学して中国に戻った「海亀派」ですら、仕事を見つけられないケースが増えています。

とにかく苦労はしたくない

現在、中国社会における雇用実態は、以下のような悪い流れに陥っています。

被雇用者側：「就職難の環境にいながら、少しでも不愉快な目に遭えば、すぐに転職。そのためスキルが身につかない」→「理想的な福利厚生や給料の会社に入れない」→「安い給料でいやな仕事をする」または「今の会社で学んだものと経験を使って、より高い給料のところに転職する」

雇用者側：「即戦力しか求めない」→「せっかく雇った人もスキルを学んだら他の会社に転職してしまう」→「きちんと育てても無駄だ」→「育てるのをやめ、安い給料で使い倒す」

このような悪い流れの結果として、「人材不足」（即戦力や専門性の高い人材の不足）と新卒生の「就職難」というアンバランスな状態が生じてしまいます。

会社が自分の将来を保障してくれないので、スキルアップできたら少しでも給料の高いところにどんどん転職していく――。このような発想が中国人の考えの根底にあります。じっくりと人材を育成していくのをポリシーとする日本企業にとって、極めて雇用しにくい市場なのです。

中国で今とても人気のあるＣＣＴＶ（中国中央電視台。国営テレビ局）の番組キャスター、芮成鋼《ルイ・チェンガン》は、１年間のエール大学留学後、中国の若者の実態について、

「中国社会に暮らす若者たちは軽薄で、目の前の、目に見えるもの、触れるものに対する個人的な損得や利益を重視する」

と発言していました。中国ビジネスを通して、私自身もこのような中国人の考えと徹底的に向き合うことになりました。

実際の業務では、栄速社の中国支社のスタッフにも、協力的な人がいました。ただ、このようなスタッフはみな、日本への留学経験がありました。そうでない人は、つまり全体的な雰囲気としては、個人的な損得や目先の利益ばかり重視します。常に「この業務は私にとって何のメリットがあるのか」という判断が優先されます。「日本本社採用の連中の給料は、我々より高い。だから彼らがすべてをやるのが当然だ。自分には関係ない」という考えも感じられました。

日本でも若い人はあまり苦労ができないと言われていますが、中国はそれ以上です。ルーティン作業やチームワークは軽視されていました。

1970年代後半以降に生まれた人々の大半は一人っ子ですので、親に大切に育てられてきました。そして、「良い大学を出た自分が、なぜいやな仕事をしなければならないのか」という考えが主流となっています。

だから私はとても気を遣っていました。何か仕事をお願いするとき、「この仕事をお願いしたら嫌がられるかどうか」を注意深く考え、丁寧な言葉を選び、お願いしていました。なるべく残業させないということも、十分に配慮しました。

比較大好き、焦燥感に満ちた中国人

そして彼らには、もう一つ大きな特徴があります。「個」を重視する一方で、極端な他者志向なのです。他人の給料や昇給、持ち物について、気になって気になって仕方がないようです。常に他人と自分を比較しています。

「給料はいくらもらっているのか」

「マンションを買ったのか、場所はどこか、いくらで買ったのか」

「クルマを持っているのか、どんなクルマに乗っているのか」

「なぜその人は、私より給料が高いのか」

「株を買っているのか、株で儲かっているのか」

このような話題が、日常茶飯事のように飛び交っています。自分という人間の価値について強い関心を持っているからこそ、比較対象としての他人もすごく気になるのでしょう。

こんな状況は、中国のあらゆる企業に存在しているようです。アメリカ企業から上海へ出向した友人は、呆れたようにこう言いました。

「自分も中国人だけど、とても分かりにくいんだ。なぜ彼ら（現地採用スタッフ）は、これをやったら、自分にとって何のメリットがあるのか、いくらになるのか、という発想だけで仕事をしているのか？　仕事で楽しみを感じないなら、やめてしまえばいいと思うけど……。**中国全土がこんな空気だ。焦燥感に満ちて、みながとにかく稼ごう、儲けよう、自分の利益、金、金、金と思っている。**彼らは全部自分、自分、自分、金、金、金……。

本当に自分はこの国を出て良かったと思う。私たちは、金儲けの僵屍（キョンシー）じゃないからさ」

それを聞いた私は「我が意を得たり！」と思いました。私も国を出ていなかったら、この空気を吸って生きる群れの一人になっていたでしょう。国を出て初めて、人間が本当にあるべき姿や生き方を考えるようになりました。

焦燥感。

この言葉が、今の中国全土の空気を適切に表していると思います。なぜそこまでモヤモヤしているのか、本当のところは分かりません。ですが、この国の多くの人々が、本当に落ち着かない状態なのです。

結局は賄賂が決め手か

栄速社との契約がうまくいかなかった満風社は、改めて栄速社を含む8社を招待し、コンペを実施すると言ってきました。同時期に、他の中国企業のコンペの話も数多く入ってきました。

中国では、賄賂《わいろ》や不正を防ぐため、政府や行政機関、国営企業等が100万元（約1500万円）以上のプロジェクトを実施する際は、コンペの実施が義務付けられているようです。しかし、これは形式上の規定にすぎないでしょう。

私たちが声を掛けられた企業のコンペも、中国行政機関が主催したコンペと似たようなものでした。何度も書類を提出させられ、繰り返し企画案の修正を求められました。そして延々と待たされ、いくら消耗しても、結果が出ませんでした。その時期、私は悶々としながら上海に長期出張していました。

ある日の夜、親友ミーちゃんと友人トムと3人で一緒に食事した後、浦東《プートン》にあるバーに移動しました。トムは、すでに中国国営企業を辞め、独立していました。

「ずっとコンペコンペ……。書類の提出ばかり求められて、全然結果が出ない。中国企業って、なんで決められないの？」

私は少し愚痴っぽく言いました。トムは、

「ふ〜ん、分かっていないね。中国社会って結局、担当にいくら渡せるのか、ということで結果が決まるんだよ」

と言いました。当時の私はまだ希望に満ちていて、中国ビジネスを成功させる夢を見ていましたので、トムの言い方に反発しました。

「そんなことないよ。今まで確かに変な人にも会っているけど、発注元からストレートにお金を求められたことはない。私は実力でいきたい」

私の反論に対し、トムは淡々としています。

「オレも戻ってきたばかりのころ、キミと同じように思っていたよ。しかし現実は違う。この国では、コネや賄賂がないとビジネスにならない。オレも今、どうやって賄賂を渡すのか、いくら渡せばいいのか悩んでいるよ」

トムは当時、ある大手国営スーパーのネットシステム関連業務を狙っていました。不毛なやり取りに振り回され、大変だったようです。トムは続けて言いました。

「ジョーカーに会う前から、ザコが続々と出てくるんだ。みなはっきりと言わないけど、お金をくれれば、仕事をやらせるというにおいをぷんぷんさせるんだよ」

「そんなことない。仕事を取るには賄賂を払わなければならないなんて、そういうことばかり考えているから、そういう人が寄ってくるのよ！」

つい私は語気を強めてしまいました。実はそのとき、内心ではトムが正しいのではと感じていましたが、一方で「この国には、まだまだ夢がある」とも思っていました。

その後は口論となってしまいました。トムは「キミは中国社会が全然分かっていない」と反論し、私は「あなたの視点がおかしい」と再反論していました。

ミーちゃんは黙って聞いていましたが、とうとう割り込んできました。

「益羽は分かってない。中国社会は、あなたが思っているほどピュアじゃないよ。私たちは、中国に帰ってきている。だけど、あなたは出張だけでしょう？　私たちは、ここに住んでいる。この国の実態は、あなたより知っている！」

キックバック発表会

　こう言い放たれて、私はしばらく何も言えなくなりました。泣きたいのに泣けない自分がいました。それでも同じ反論を繰り返しました。

「でも、私は違うと思う。トムはそんなふうに思っているから、そういう人ばかりに会ってしまうのよ……」

　トムは私の顔を見つめて、淡々と語りはじめました。

「友人の話だけど、このあいだ土地使用権の入札に行ったんだって。会場に入ってしばらくすると、行政の人が出てきてさ。そして『各社は金額を出してください』と言ったんだ。普通なら、入札金額だと思うでしょう？　それが違うんだよ。キックバックの金額を教えてくれという意味。キックバックのお金が高ければ、その会社に土地使用権を渡す。しかも、各社にその場で数字を言わせていたって。すごくない⁉　好立地の土地だから、みんな先を争ってキックバックのお金を言い出したそうだよ。

オレは以前国営企業にいたでしょう？　そこでオレはかなり上のマネジャーだった。何か大きなプロジェクトが動きはじめると、オレを訪ねてきては、オレ個人にお金を渡そうとする奴って、いっぱいいいたよ」

あまりにも衝撃的な話でした。私も今まであやしい人たちに会っていましたが、この話に比べればとても幼いレベルでした。

それでも私は、その日の夜、最後までトムの話を信じず、「彼は過激派なんだ」と思っていました。信じないというより、信じたくなかったのです。私は、自分の国はクリーンのままだと信じたかったのです。

しかしそれから数年間、私は様々な目に遭うことになりました。私が想像していたクリーンな世界は、本当はもともと濁っていて、単に私が気づかなかっただけかもしれません。あるいは、私がクリーンな世界が必ずあると信じ切っていたので、それらの濁ったものが、私を通り過ぎていただけなのかもしれません。

濃厚な個人の欲望

私たち栄速社は、幸いにも満風社を含めて数社の万博業務を受注できました。しかし、いずれも途中で崩壊してしまいました。崩壊の過程は後の章で記しますが、その中でキックバックのような話も出てきました。

満風社の場合、担当者の中から、いろいろと個人的な要求をしてくる人が出てきました。複数の人間からホステスのいるクラブでの接待を求められたり、キックバックを求められたりしました。

彼らは、ストレートに自分の欲望をさらけ出し、露骨に自分のほしいものを言ってくるのです。契約上では、満風社は栄速社にプロジェクトを全部任せる、という規定でした。しかし、それではうまみのない担当者は、赤裸々にキックバックを要求してきました。

もう一社、雲麗社との経験もお話しします。雲麗社のメイン担当者は、香港人のギアでした。ギアはイギリスの大学に留学した後、ずっと外資系企業に勤め、そこから中国大陸に派遣されました。そして、中国の有力家電メーカーである雲麗社にヘッドハンティングされて、ブランド統括マネジャーとして雇われました。雲麗社のはじめての大型プロジェクトが万博業務で、彼はその全体を任されていました。とてもスマートな、国際的ビジネスマンです。

ギアは私と同じく海外留学の経験があって、共通の話題も多いため、友人としても仲良くなりました。ギアが雲麗社に転職したのは、もちろん待遇や給料の面で恵まれていたからだと思います。ただ、ギアは私に「これからは中国の時代だから、キャリアのために一度中国の企業で就職してみたかったんだ」と言っていました。

ギアのおかげで、雲麗社との仕事は、合理的なスタイルとなり、契約もその後の仕事も分かりやすいものになりました。

やっと吸えた新鮮な空気

そもそもギアは、万博プロジェクトの担当になってから、効率的に作業を進めるために、万博経験で先行する日本を何度も訪ねており、色々とヒアリングをしていました。その結果、栄速社が愛知万博に関わってきたことを知り、私たちに直接コンタクトしてきたのです。そして何回も会議を行い、私たちのプレゼンテーションを聞いた結果、ギアは栄速社を指名したのでした。

ギアは、「僕は、自分の目とヒアリングの結果を信頼したいんだ」と言っていました。今まで無駄なコンペに振り回された私たちにとって、ギアのやり方は明確なものでした。特に、ずっと日中の間で調整作業をこなし、苦労してきた私にとっては、やっと新鮮な空気を吸えた思いでした。

ギア自身、合理的なワークスタイルをとり、広告代理店の立場もよく理解していたので、最高のクライアントだったかもしれません。彼はよく言っていました。

「みなで楽しく良いものを作る。これが僕の夢なんだ。万博に向かって、国境や発注側・受注側など関係なく、一つのチームになって、一緒に楽しく素晴らしい仕事をして、最後に成功の祝杯をあげましょう」

ギアが語っていた夢は、私の夢でもありました。万博という国際的な大型イベントで実現したい夢だったのです。

しかし、良い時期は長く続きませんでした。雲麗社は中国では先進的な大手企業と言われていますが、彼のスタイルを受け入れる社風と土壌は醸成できていなかったのです。

まず、わが社を選んで、コンペを実施しなかったことから、ギアは社内で疑いの目を向けられるようになりました。簡単に言うと、ギアは、巨額の万博作業を発注する一方で、栄速社から高額のキックバックをもらっていると疑われていたようです。

そしてギアの上に突然、万博担当の中国人役員が出てきました。ギアは何回もこの役員に呼ばれ、キックバックのことを聞かれたようです。そして社内会議が開かれ、経営陣や幹部たちの前で、ギアは、その役員から「いくらキックバックをもらっているのか」と問い詰められたようです。

自分が汚いから、他人もみな汚い

ギアに最後に会ったのは、2008年、真冬の東京でした。

ギアは、「益羽、僕はもうすぐ会社を辞めるよ」と告げました。私は、それまで噂を聞いていたので、この結果を察していました。彼は憔悴《しょうすい》しきっていました。

ギアの無実を、日本側にいる私たちはみな知っているのに、誰も彼を助けることができませんでした。私も自分の無力を悔しく思うばかりでした。

しばらくの沈黙の後、ギアは私にこう言いました。

「益羽、僕の気持ちが分かるかい？　こんなやり方は、僕のキャリアだけではなく、僕の人格まで侮辱するものだよ。僕は、彼らと同じように目先の利益を追求して、キックバックで発注している人間だと言われているんだよ。彼らは、自分たちがきれいではないから、他人もきれいではないと思っている。これが中国社会の真実なのかな……」

やっと吸えた新鮮な空気は、あっという間に汚されてしまったのです。

あれから何年経っても、ギアの寂しそうな表情を思い出すたびに、私は考え込んでしまいます。

「自分はキックバックをもらっているから、他人も当然、キックバックをもらっている」

この風潮は、何なのでしょうか？

キックバックを求める中国社会を作ったのは、そこに生きている焦燥感に満ち溢れた人々なのか。それとも、目先の利益を追求する社会の風潮が、焦燥感に満ち溢れた人々を生みだしてしまったのか。あるいは……。

しかし、誰かが何らかのブレーキをかけない限り、この社会には、ずっと濁った空気が漂い続けることでしょう。

欲望が膨らみ続けている社会で生きる人々に、心を静めて、自分の足元を見つめる余裕が生まれるのでしょうか？　**この疾走する列車は、いったい人々をどこまで運ぼうとしているのでしょうか？**

第5章　契約のために、とにかく粘ります

中国人は中国人を信用しない

２００７年は新年早々から、中国全土が熱気に包まれていました。翌年の夏に開催される北京オリンピックが雰囲気を盛り上げていたのです。上海万博の作業も北京オリンピックに負けないよう、着々と準備が進んでいました。

3月、中国の旧正月が明けると、長いコンペもやっと終わり、再び満風社が私の会社を選ぶことになりました。すぐに契約作業がスタートしました。

私はここで、中国企業との契約の大変さを、いやというほど味わうことになるのです。

満風社のコンペは半年近くにわたりました。その間、私はひたすらコンペ書類の提出作業や調整、根回し業務に明け暮れ、休みもなく働くことになりました。書類作成業務に関わっていたスタッフたちも同様です。こうした苦労の末に、やっと朗報が来たので、みなすごく喜びま

した。

でも、喜びもつかの間でした。その後の長い契約交渉作業も、コンペに劣らない熾烈《しれつ》な戦いとなったのです。

中国人の私は、そんなに中国人を信用していません。信じたいのはやまやまですが、騙される可能性が高いため、まず警戒心を持ち、しばらく付き合ってから、徐々に受け入れていく感じです。

中国は、基本的に信頼社会ではありません。**ビジネス上で中国人が断言したことなど、半分以上聞き流しましょう。特に口約束はすべて無効だと思ったほうがいいです。**当事者に悪意がなくても、組織相手の話になってしまうと、その組織のいろいろなしがらみや利権争いの結果、口約束は守られなくなってしまうのです。

その理由について、私の親の世代の人々から、このような言葉をよく聞きました。

「文化大革命は、中国の良い部分を全部壊してしまいました。あのころは、周りの人々が、全員告発者に見えてしまいました。少しでも不注意に語ったことや、やったことは、友人や親戚、もしくは家族によって告発されます。すると毛沢東思想反対者と見なされ、罰を受け、殺されてしまいました。誰も信じてはいけない時代でした」

中国社会科学院社会学研究所が発表した白書「中国ソーシャルメンタリティー研究報告2012―2013年」によると、「社会の大多数の人は信用できる」と答えた人は半数以下、「知らない人を信用できる」と答えた人は、わずか2〜3割だったようです。この調査結果は、中国でも大きな反響を呼びました。現在では、社会階層間、グループ間の不信感も強まり、官庁、警察、医者などに対する不信も高まっているようです。

前言は何回でも撤回される

中国では信頼の基準が何なのか分からないので、商売がやりにくくなっています。日本なら、口約束でも守られます。アメリカでは、契約書を締結した時点で強く拘束されます。中国は、アメリカの考えやスタイルを多く取り入れ、アメリカに近い部分が多いとも言われていますが、契約書の効力が高くありません。

では、何に効力があるのでしょうか？　分かりません。「コネ」はもちろん欠かせませんが、コネにも限界があります。契約しても安心できないのです。冒険映画を観ているときのように、その先に訪れる非常事態を、ドキドキして待つしかないのです。

そもそも、ビジネスでは誰も信用してはいけないのが基本かもしれません。

私が中国ビジネスに携わったときは、何度も何度も確認し、電話で話した後、必ず証拠を残すために、メールで同じ内容を送信して再確認させるようにしていました。会議議事録も、必ず24時間以内に日本語と中国語のものを同時に作成し、送信し、確認してもらっています。さらに、確認した会議議事録は、プリントアウトに必ず双方のサインをして、保存しています。

このような対策は、特に中国企業に対しては、絶対にやらなければいけません。つまり、将来何かが起きると想定して、わが身を守るために、すべて丁寧に証拠を残しておくのです。中国企業や行政部門に勤めている人々は、なぜかあまりメールしたがりません。たぶん、手を動かすのが面倒だからでしょう。しかし、メールや議事録を残さないのはきわめて危険です。彼らは言ったことを簡単に風化させるからです。

細かい確認作業まで注意深くやったとしても、中国側は平気で「そんなことは言ってません」と断言します。一番印象深かったのは、上海のある大手企業の投資案件に関わっていたとき、その女性担当者が、何度も何度も自分の言ったことをひっくり返していたことです。

仕方がなく、栄速社は私に加えてもう2人ベテランの中国人社員を派遣し、3人で同時に彼女の言っていることを聞き取るようにしました。ある会議で彼女は、一人芝居のように、常に発言を変え続けていました。私たちは何度も「5分前にこう言っていましたが、今は、完全にその言葉を否定していますよ。いったいどっちですか」と注意しました。

しかし、この担当者は涼しい顔をして、「あなたたちは中国語の理解を間違えています」と言ってきました。さすがにそのときは、あまりの図々しさに絶句してしまいました。

覇権条項との戦い

中国でビジネスするとき、一つ基本的なルールがあります。法律やルール本には書かれていませんが、暗黙のルールです。

「お金を出した側が強い。お金を出した側は、絶対的な権利を持っている」

という考え方です。これはかなり普遍的です。このルールがあるため、多くの発注側はとても強気で、渡してくる契約書に、理不尽な条項を盛り込んできます。中国では、このような契約条項を「覇王条款（覇権条項）」と呼んでいます。

よくある条項を2つあげます。「甲」が発注側です。

「業務がすべて完成してから、甲は検査し、甲が問題ないと認めてから、支払い手続きに入る」

「当該プロジェクトのすべての権利は、甲が所有し、甲は、自らの需要や要求によって、変更や修正する権利を有す。乙は、これについて異存がない」

両方とも最大限に注意すべきものであり、リスク満載です。

前者の場合、甲が勝手に「これは、我々が求めているものではない」と判断してしまえば、一円の入金もしないですんでしまいます。

私は、中国企業と契約する際に、必ず全額前金を要求しています。

ですが、それを受け入れてくれる発注者はいません。中国人の担当者には何度も「張さんの心配はよく分かるけど、私たちも、払ってからクオリティの低い作業をされたり、作業をしてもらえずに夜逃げされたりしたら、たまらないんだ」と言われました。

要するに、このような疑心暗鬼の社会では、いくら契約をかわしても、信じることができないという心理があるわけです。

前金は必須条件

大きなプロジェクトの場合、全額を前払いしてもらうのはまず不可能です。ですから、作業の段階に応じて支払ってもらうようにします。たとえば、契約が成立した時点で、受注額の30%を前金として払ってもらいます。ただ、30%はかなりハードルの高い数字で、中国国営企業の場合は、10～15%が普通だそうです。その後、作業の段階に応じて、残りを20～30%ずつ支払ってもらうようにします。

この場合、あくまでも「前金」を条件とします。契約の通り、段階ごとに前金を払ってもらえないときは、必ず作業を停止し、入金を待たねばなりません。

実際に私たちは、このような万全かつ慎重な契約を締結したのに、痛い目に遭いました。日本企業と日本人は真面目ですから、すべての業務においてスケジュールとクオリティを守ることを最優先にします。だからお金が入らなくても、作業を先行してしまう傾向にあります。

これで失敗してしまうのです。作業を先行しても、勝手に進めたと判断されるだけです。それを理由に入金されることはありません。

私は、途中で約束の作業費が入らなくなった時点で、何度も日本人スタッフに「入金まで作業を止めてください」と要請しました。しかし、日本人としては作業を先行したくなります。そのため、私と日本人スタッフとの間で、激しい衝突がありました。

信用社会の基盤が崩れている中国では、クオリティの高いものを作るのはとても難しいのではないかと思います。

基本的に人間は、信頼され、尊重され、自己のミッションをしっかりと感じることで、良いパフォーマンスを発揮します。しかし中国において、受注側は、お金がもらえないかもしれないと心配することになり、集中して作業を進められません。どうしても、作業のクオリティよりお金の請求に重点が置かれてしまいます。

逆に発注側は、最初から受注側を疑ってかかります。つまり、今付き合っている企業より他の企業のほうが安い値段でやってくれるのではないかと思っています。

このような状況では、悪循環にはまりやすくなります。長期的な協力関係を築けず、企業同士に互いを育て合うマインドも余裕もないため、仕事は本来の目的である「より良いものを作る」ことより「お金」を優先するスタイルになるのです。

私もそうでした。中国企業に良いものを作ってあげたい気持ちもあるのですが、信用できないのでお金のことばかり心配してしまい、作業のクオリティ管理をする心の余裕を持てませんでした。

お金を出せば著作権を買えてしまう国

もう一つの大きな注意点として、知的財産権の問題があります。これは一般的なコンテンツの著作権だけではなく、特許権や意匠権、商標権、商号権といった多くの権利にも関わっています。

もちろん、中国にも著作権法がありますが、まったく重視されていません。前述したように、中国側には「お金を出した人間は、すべてのモノを買える」という普遍的な考えがあるので、金で著作権などどうにでもなると思われているのです。また、知的財産権を活用して、これから多様なビジネスも展開できるという狙いもあるでしょう。

特に行政機関や国営企業は自分たちが絶対的特権を持っていると思い込んでいるので、「覇権条項」に文句があるなら、ほかの会社に替えても構わないという姿勢で臨んできます。また、そうした機関において、トップに座っている人の多くは中高年です。彼らは、若い世代と違って、国際的な視野を持っていません。また、積極的に海外の考えや状況を理解しようともしません。

そんな中国側を説得するには、事例をとりあげながら、日本ないし海外の著作権に対する認識を粘り強く説明したほうがいいでしょう。私がある中国企業と商談したときは、著作権の問題について、丸一日かけて話しても、なかなか決着できなかった経験があります。

万博業務は、映像や音楽、演出、アトラクションの技術、コンピュータのプログラミング等、幅広い分野に関わっており、これらの権利処理は大変です。

しかし中国側の発想では「お金を出してるのに、いろんな権利を自由に使えないの？　それはあり得ないでしょ！」となります。一方、普通の国際的ルールなら、著作権を丸ごと渡してしまう場合、まともなアーティストや専門家と組むことはできません。日本側はこの説明に、莫大なエネルギーと能力を費やすことになりました。

そこで、互いの妥協点を見出すために、具体例を示してあげます。たとえば、有名なアーティストのケース、それほど有名ではない若手アーティストのケースなどを挙げて、それぞれの条件について、丁寧に説明して、相手に選んでもらうのです。

肝心なのは、ここでも詳細な会議議事録を残したうえで、契約にも詳細な使用条件を記載することです。

「人」は尊重されず

中国の著作権意識の薄さは、すでに世界中に知られています。ＷＴＯに加盟して以来、海賊版の問題は絶えず指摘されており、中国政府も取り締まる姿勢を見せていますが、それでもなくならない状態です。

実際に中国側と著作権をめぐって交渉してよく分かったのは、著作権に対する理解や意識が浸透していないだけではなく、「人」がエネルギーや資金、能力をつぎ込んで制作した作品に対する尊重の意思もかなり薄いということです。根本的な教育が欠如しているのではないかと思います。

そして、個人的な推測ですが、コピー商品や模倣品で生計を立てている人への配慮がある気もします。政府が真剣に取り締まってしまうと、これらの人々の生計を奪ってしまうことになりますから、すでに格差問題や失業問題を抱えている政府は、もうこれ以上の問題を生じさせたくないのではないでしょうか。

２００８年の北京オリンピックが開催される前に、北京で最も有名な模倣品・コピー商品の商店街「秀水街《しゅうすいがい》」は取り壊される予定でしたが、そこで商売をやっている大勢の人々の反発を恐れて、「秀水街」そのものをまるごと新しく立派なビルに移転させていました。上海万博でも同じでした。上海で最も有名なコピー商品の街である「襄陽路《じょうようろ》」は、もともと繁華街の淮海路《わいかいろ》に隣接していましたが、大半が七浦路あたりの新しいビルに移転していました。面白いことに、「七浦」の中国語発音チープーは、英語の「Ｃｈｅａｐ（チープ）」の発音に似ています。

このような社会において、著作権に関する契約を交渉するのは、本当に至難の業です。著作権意識ゼロの人々を教育しながら、互いの妥協点を探るという長い道となります。具体的には、コンテンツや技術の使用権や使用範囲などについて明確に定め、できるだけ具体的な使用場面を想定してから、契約書を作るべきです。

「作品や技術などを使用するたびに、双方が相談して決める」ということも重要なポイントです。つまり、無断使用禁止とはっきりと書きます。同時に、「使用するときは、必ず使用用途や使用場面などを事前に知らせる」という条項を加える必要があります。

繰り返しますが、中国とビジネスをするとき、つくづく思うのは、「人を大切にする」意識が薄すぎるということです。このような意識が薄いため、人の労力、能力、エネルギー、ひいては命の大切さに対する認識も薄くなります。

結局のところ、今の中国はお金がすべて、モノ至上主義の社会なのでしょう。

まるでSMショー

私は、中国企業との契約交渉において、丸一日会議室に閉じ込められ、あり得ないほど長時間を費やした経験を持っています。

とてもタフな交渉でした。朝9時から会議室に入って、深夜までずっと交渉していました。当時は、交渉の主要メンバーでありながら、会議通訳も担当しましたので、あまりの疲労とストレスで、途中から日本人に向かって中国語で話し、中国人に向かって日本語を話すという恥ずかしい場面もありました。

中国ではまだ分煙というルールがありません。煙に満ちた会議室での長時間の通訳で、喉もやられてしまいました。中国企業との交渉は、体力勝負そのものです。

先方の中国人弁護士は、会議に出た瞬間からすでに高圧的な態度で、まず「こんな大企業と契約できるのは、大変光栄なことだよ」と言い放ちます。そして、極めて強気に要求と条件を述べていました。

しかも、「必ず条件を全部飲んでください」という言葉が付け加えられます。

こちらが反論すると、その弁護士は、とても苛《いら》ついた顔で、もう一度条件を読み上げ、高圧的に私の目を見つめました。たぶん、これまでの多くの受注側の企業は、あまり反論できず、おとなしくその条件を飲んでしまってきたと想像できます。

譲歩できない場面がいっぱいありました。そういうときに中国側が繰り返す決まり文句があります。

「我々のような企業と取引できるのは、御社にとっても大きな実績となります」です。

「もう大国だ」という過剰な自信

急速な発展とともに、中国はとても自信を持つようになりました。中国で私がもっともよく耳にする言葉は、**「中国には、中国の事情や特色があります。中国には、中国のやり方があります」**です。

自信を持つことは大変結構なことですが、正しい自信の持ち方は、謙虚さをベースにしたものではないでしょうか。本当なら、まず先進国の成功と失敗事例に学んで、きちんと理解したうえで、自国の事情に合わせたベストな方法を選択していくべきです。

私が見た限り、もはや中国は、謙虚という美徳を捨ててしまいました。

2008年、北京オリンピックは、大きな成功を収めました。また、同年の秋にリーマンショックが発生し、世界はアメリカ発の金融危機に翻弄され、各先進国の経済は、一気にどん底に落ちてしまいました。しかし中国だけは依然として2ケタのGDP成長率を記録し、世界の脚光を浴びました。そのときから中国人たちは自国の力や発展に過剰な自信を持つようになってしまったのです。

しかし、過剰な自信は、必ず予測できぬ悪い結果を引き起こします。私は、このような大国意識の暴走を危惧《きぐ》しています。

20年にわたって中国報道に携わってきた英「フィナンシャル・タイムズ」紙の記者、リチャード・マグレガーの著書『中国共産党　支配者たちの秘密の世界』の冒頭には、こんな内容の記述があります。

「2008年、西側諸国で金融危機が始まって1年後の夏、金融関連の助言をするため、中国に招かれた外国人たちに対し、中国の当時の金融担当の副総理である王岐山は、開口一番、『金融システムについて中国があなた方から学ぶものはほとんどない』と明言した。続けて王氏は『あなた方にはあなた方のやり方があり、私たちには私たちのやり方がある』と言った」

これは、私が中国ビジネスにおいて出会った中国人たちの姿勢と一致しています。

自分の国についてプライドを持つことはとても重要なことです。しかし、たとえば尖閣問題がプライドを傷つけたからといって、日本に戦争を仕掛けてどうするというのでしょう。

大国主義は目を曇らせて、自分本来の姿を見えなくさせてしまうのでしょうか。

もめることを想定しましょう

中国企業との契約において、あと2つ議論の焦点があります。

一つは、契約言語（契約書に用いる言語）の問題です。もう一つは、トラブルが生じてしまった場合の、裁判地の問題です。この2つは、基本的にリンクしています。中国側は当然、「業務地や作業内容の最終発生地は中国国内なので、契約言語は中国語にし、中国国内で裁判すべきだ」と主張します。

日本企業と中国企業がもめた場合、日本企業は、最初から不利な立場にありますから、よほど証拠や論拠が十分な場合でない限り、勝ち目はありません。これについては私も悩んで、いろいろと取材してきました。ですが、いまだに理想的な解決方法は見つかっていません。

現状で一番合理的な解決方法は、契約書を英語で作成することです。そうでない場合は、日本語と中国語の契約書を同時に作成し、日本語版と中国語版は、同様の法的効力を持っていると明記すべきです。裁判地は日本国内にするのがベストですが、これは不可能ですので、第三国にしたほうがいいでしょう。

よく選ばれる第三国はシンガポールです。理由は、距離的に近く、英語が主要言語となっているうえ、政治や経済の関係性からみても、中国からの圧力が一番少ない国だからです。ただ、前述したように、シンガポールで裁判を行う場合、裁判費用が相当かかりますので、企業に体力がない限り、この一回の裁判でかなり消耗してしまいます。実際はすでに半分負けているようなものです。

それでも、なるべく中国国内を裁判地にせず、せめて香港を裁判地にしたほうがいいでしょう。

ある日本企業の上海法人は、中国パートナー企業と利益配当問題でもめました。かつて、１９９０年代前半に中国に進出した外資系企業は、中国企業と組むことが義務づけられていました。そして、この中国パートナー企業は、長年何もしていないのに、「組む」だけのことで、莫大な利益を取り続けていました。近年、中国の外資系企業に対する緩和政策で、この日本企業が中国企業と組んでやっている領域は、１００％単独資本でできるようになりました。そこで日本企業は、中国企業が持っている株を完全に買収しようとしましたが、中国企業に常識を超えた巨額な買収金額を提示されたのです。

しかし、幸いなことにその日本企業上海法人の社長は中国人でした。彼は中国の事情をよく知っているため、中国国内で裁判したら勝ち目がないと判断し、いろいろと動いて、裁判地を香港にしました。最終的に香港で正しい裁判をしてもらい、日本企業上海法人は勝訴しました。

繰り返します。お金がかかってしまいますが、とにかく正しい裁判をしてもらいたいなら、第三国を裁判地にするべきです。

契約書の効力はパンツ一丁

ここまで契約について書いてきましたが、一番本質的な問題にも触れなければなりません。そもそも契約書は中国で効力を持つものなのか、という根本的な疑問です。

中国企業の多くは、契約書を重視していません。口約束も守りません。必死に契約をまとめたのに、担当者の気分が変わったり、向こうの社内事情で担当者が替わったりすると、あっという間に契約書が紙切れになってしまうのです。

私が今まで担当した中国企業の大半は、途中で強引に契約変更を言い渡したり、契約金額を下げる要請をしてきたりしました。最終的には、「気に食わないから」という理由で契約を解除してくる企業もありました。

そして、私が担当していた中国企業の例をあげると、以下のような顚末《てんまつ》をたどりました。

満風社：担当者がキックバックを求めてきました。これに応じないでいると、作業についていろいろと厳しい条件を言い出し、もめている最中、無理矢理に契約解除されてしまいました。

雲麗社：プロジェクトの進行途中から「契約金額を大幅に値下げしてください」という、ビックリするほど無理な要求をしてきました。拒否すると、無理矢理に契約解除されてしまいました。

では、中国では、結局何が有効なのでしょうか？　分かりません。受注側がどんなに理不尽な条件を呑まされても、契約がいつまで有効なのか分からないのです。

唯一言えるのは、「契約書は簡単に破棄されるかもしれませんが、それでも粘り強く交渉して、締結しましょう」ということです。そうしないと、まるで真冬に裸で外に出るようなものです。せめて、パンツ一丁でもはきましょう。

発注側を気分よくさせながら、周到にリスクに備えつつ彼らの言いなりに仕事しておけば、ある程度は契約が長持ちするかもしれません。

第6章　中国は、巨大工場ではなく、巨大買い手市場です

まだまだ続く茨の道

修羅場はまだ終わりません。これからが中国ビジネスの茨《いばら》の道です。いえ、ここからがスタートと考えるのが、冗談ではなく、正しい理解なのかもしれません。中国ビジネスには起点と終点がありませんから。

苦しい苦しい契約交渉を終え、やっと仕事がスタートできます。しかし、仕事に集中できません。契約書上では、前金払いという完璧な条件を付けました。ところが実際に仕事をしてみると、ひたすらお金の請求に苦労させられることになったのです。

以前から「中国企業は金払いが悪い」と聞いていましたが、あまり信じていませんでした。報道では、中国企業は海外に投資したり、大量購買したりしていますから、お金を持っている

と感じられます。もちろん私も、中国企業からお金を稼げると思っていました。しかし、淡い期待は粉々にされてしまいました。

２００７年が私にとって契約地獄の1年だとすれば、２００８年は請求地獄に堕《お》ちた1年です。

全般的に**中国人は、短期利益志向が極めて強い**と感じられます。頻繁に転職するのも、企業が人を大切にしないのも、目先の利益を重視するからです。

短期利益志向とは、具体的に言うと、何かをじっくりと育てる気持ちがなく、「目先の一瞬において自分にとって利益になるかどうか」をすべての判断基準にする姿勢のことです。企業間の取引も同じです。

さらに恐るべきことに、このような取引に、担当者の個人的な利益まで絡んでくるのです。

為替リスク対応も必要

本当に、お金の請求には苦労しました。前金条件にもかかわらず、約束した日に会社の財務部署に確認すると、入金されていませんと言われます。急いで中国へ電話をかけ、確認したところ、まだ入金の手続きの準備すら始まっていないとのことでした。

中国国内の取引はともかく、中国から海外へ送金させるのはかなりハードルの高い作業です。海外企業が中国企業と取引を行う場合、中国企業は基本的に米ドルでの決済を要求してきます。これも要注意です。米ドルで入金された場合、為替リスクが生じてしまいます。このリスクをどっちが負担するのかということも契約書の焦点の一つとなります。経験のない企業は、米ドルで契約し、為替で損失を出す例も少なくありません。できれば日本円で契約しましょう。

しかし、これはとても交渉しにくい条項です。なぜなら、中国企業の多くは米ドルこそ多く所持していますが、日本円は持っていません。銀行で日本円を購入すると割高になってしまいます。また中国企業は、海外企業と商売するとき、基本的に米ドルで取引をします。英語が世界共通のビジネス言語であるように、米ドルが海外ビジネスの共通マネーだからです。

どうしても日本円で支払ってもらう交渉ができない場合、妥協案として、為替レートを決めるべきです。通常は、〇年〇月〇日のレートを基準にすると決め、そのレートを契約書に明記します。

そして、いくら契約書が万全であっても、一番重要なのは支払ってもらうことです。

とにかく支払ってくれません

「海亀派」の友人たちに、「中国企業と契約を締結したよ」と笑顔で報告した際、全員が私の顔を神妙に見て念を押しました。

「これからだよ。これからが大変だよ。払ってくれるかどうか、しっかりとチェックしたり、追いかけたりするんだよ」

友人たちは、すでにいろいろな試練を経て、契約「後」の大変さをさんざん味わってきたのです。

私の大学の同級生であるササは、卒業後フランスの大学院に留学しました。その後フランス企業に勤め、２００６年ごろにその上海支社のＣＥＯとして中国へ帰国しました。

ところが、はじめての取引で彼女は大きくつまずいてしまいました。中国大手流通企業から発注を受けました。契約書通りに商品を生産し、納品しようとしたとき、急に注文を全部キャンセルされたのです。理由は、「別の会社の商品のほうが安く仕入れることができるから」だそうです。なかなか素直な返答でしたが、もちろん大トラブルに発展し、最終的には彼女の会社がすべての在庫を抱えることになってしまいました。幸いなことに、ほかの買い手を見つけたことで、損失をあまり出さないですみましたが。

前述したとおり、中国企業と取引するときは、必ず前金を取り、そして残金を段階に応じて請求しなければならないのです。このスタイルを、私はササたち「海亀派」の友人たちの失敗談から学ぶことができました。

しかし、モノやサービスが溢れた今の中国では、企業間の競争が激しくなり、日本と同様、ほとんどの商品やサービスが、買い手市場となっています。もはや、**中国全体を競争の激しい巨大な買い手市場として捉えたほうが正しいでしょう。**

発注者が中国大手企業の場合は、特に強気で、交渉が厳しくなります。全額後払いを強要されるケースも少なくありません。その場合は、きちんと払ってくれるかどうかを契約前にしっかり調べるしかありません。

また、契約時に注意すべきキーワードとして、**「定金」**と**「訂金」**という2つの言葉があります。両方ともまったく発音が一緒ですが、法的効力には大きな違いがあります。

「定金」は、一見すると前払い料金のようなものですが、もめてしまうと過酷な「定金罰則」が適用されます。たとえば、日本企業が前払い料金のつもりで中国企業から「定金」を取って仕事をしてトラブルになった場合、「日本企業のせいで契約が破棄された」ということにされたら、代金残額を受け取るどころか「定金」の倍額を払わされてしまうのです。

これに対し、「訂金」条項は法律上、一種の前払い料金であり、当事者の支払手段の一つとされます。また、限度額についても両者は異なり、「定金」は主契約の合計額の20%を超えてはならないとされる一方、「訂金」の金額については制限がありません。

不払いを防ぐためには、なるべく「訂金」を多めに取るように粘り強く交渉しなければならないのです。

徹底的に情報収集を

いずれにしても、事前にいくつかのステップを踏むべきです。

まず、先方が本当に自分の企業にとって、今後重要な取引先になるかどうか、しっかりと現地取材を行うべきです。日本企業はネームバリューに弱いので、有名企業をすぐに信じてしまう傾向があります。どんなに大きくて有名な企業でも、日本的感覚で安易に付き合ってはいけません。必ず現地を訪問し、取引相手の顧客を通じて側面から調査します。この段階のヒアリング情報によって、取引する価値があるかどうかを判断します。

次のステップとして、専門的な第三者仲介機構に委託して、企業の信用調査を行うべきです。取引相手側の工商登記情報（営業許可証、株主情報及び出資状況などの情報を含む）、工場建物・土地権利の合法性などに関する情報を調査します。その中で、会社の経営状況を表す項目として、資本金や近年の売り上げ、利益率、業界全体の動向、業界におけるポジションなどの情報は、必ず調査してもらうようにしましょう。

費用がかかりますが、信用調査レポートはとても重要な参考資料となります。

私が担当した中国企業・十月社の事例をお話ししましょう。十月社は中国で非常に有力な企業でした。しかし調査会社の信用調査レポートでは、十月社を「最も危険」ランクと査定していました。

それでも、その企業があまりにも有力なため、中国人の私でも信用調査レポートを疑い、取引を始めてしまいました。その結果は悔しいものでした。十月社は栄速社にお金を払わずに逃げ切ったのです。

メディアの報道と会社の経営実態の差があまりにも大きかった事例です。**「ネームバリューがある＝信用できる」という日本的な考えは、根本的に捨てたほうがいいでしょう。**

契約の締結後においても、相手側の営業スタッフと常に意思の疎通を図り、取引先の中国企業を定期的に訪問し、その経営状況に留意し、必要に応じて契約履行を督促《とくそく》することも欠かせません。少しでも不自然なことが生じた場合、素早く様々な方面から情報を収集し、場合によっては法律専門家に相談しましょう。

今、日本と中国には、国際ビジネスに携わり、双方の言語ができる弁護士も多くなっていますが、弁護士の選択も慎重にすべきです。後に詳しく話しますが、私が数多く仕事をした日中の弁護士や会計士の能力や実績経験はバラバラです。これは、地方別に規則やルールが乱立していることも原因でしょうが、すべてがコネと交渉次第で決まるという中国社会の特徴が主因でしょう。

つまり、紛争の解決法に正解がありません。

できれば、中国語の分かる日本人弁護士と日本語の分かる中国人弁護士がともに在籍しており、能力が高い弁護士事務所を選ぶべきです。

債権回収業者になった私

中国企業との取引を通じて私は、請求の技をかなり身につけることができました。おそらく私は失業しても、金融機関の取り立て屋になれるでしょう。それほど過酷な請求トレーニングだったのです。

彼らはどうしてこんなにも払ってくれないのでしょう。本当に払ってくれません。

中国企業、特に国営企業の中には、会社ぐるみで不払いを奨励しているところもあると聞いたことがあります。そういう会社では買掛金を踏み倒すと、財務担当者の成績が上がります。つまり、「支払わない」ということが能力として評価されるのです。なぜなら、「不払い」もしくは「支払う期限を延ばす」ことで、流動資産をいっぱい手元に残すことができますから。

私自身、請求のたびに人格が崩壊するような思いをしてきました。中国国営企業の場合、請求して支払うまで、最短でも2～3ヵ月です。彼らの社内では、支払に関する書類は、各関連部署の担当者が承認のサインをし、捺印して、経理部門に回されます。大半がシステム処理ではなく、人間が扱っていますので、各部署を回る時間も異常に長くなります。時々、担当者に忘れられてしまうケースも少なくありません。さらに、やっと全部サインし終えた書類を届けても、経理部門が処理してくれないこともしばしばです。

私は、支払期限の3ヵ月前から、担当者に注意しはじめます。しかも私は心配性ですから、不払いを防ぐために、徹底的に中国企業のスタッフと仲良くなり、彼らの会社の支払プロセスと処理方法を知っておきます。そして、期限が来るとその会社を訪ね、社内用の支払処理書類を持って、まるでその企業の社員のように、各部署を回って、サインと捺印をしてもらっていました。

中国企業に支払ってもらうために、私は女優のように、時にはチンピラになったり、時には悲劇のヒロインになったりしていました。たとえば、こんな感じで彼らの情に訴えるシーンも演じました。

「このお金がきちんと入らないと、私はあの日本企業にクビにされるかもしれません。同じ中国人でしょう。今回は絶対に私を助けてください。私は女性一人、日本で頑張っています。この仕事がなくなると、とても困る！　親も心配します！」

こんなセリフに微妙に日中歴史問題を絡めたりすると、反日教育を受けてきた中国人は意外なくらい反応し、協力してくれます。

あるいは、もう思いきって、チンピラのように、礼儀正しくもやや脅迫的な言葉を発します。

「払ってくれないなら、○○さんに話しますよ」

その○○さんは、お偉いさんのお名前です。もちろん、チンピラより悲劇の主人公をよく演じますが、これも相手によります。本当にチンピラのような人に出会ってしまったら、自分もチンピラになるしかありません。

あなたの代わりはいくらでもいる

中国企業の多くが「購買部」という部署を設けています。購買部とは、主に外注会社との取引を管理する部署です。その業務のメインは、コスト管理です。

大企業の場合、基本的に外注会社のリストを持っていて、しっかりと管理しています。一度中国大手企業との取引が成立した場合、この外注会社のリストに入ります。入ることによって、次回のコンペに呼ばれるようになります。また、緊急業務で１００万元（約１５００万円）以下の業務の場合、コンペを経ずに発注されるケースも少なくありません。だから、このリストに入れてもらうことは重要です。

ただし、注意しなければならないのは、いったんリストに入ると、受けた業務の単価を含めた請求明細が記録されてしまうことです。購買部の従業員が会社側に評価されるための重要なポイントは、コストを削減できたかどうかになります。そのため、購買部の従業員はコストについて、異常に神経を使い、データ化しています。実際、彼らは、常に請求明細を比較しているようです。しかも、その企業の過去のデータとの比較だけではなく、同業種のほかの企業の請求明細とも比較しています。

まさに**「最初が肝心」**です。中国側は、最初に強気の値引き交渉を仕掛けてきます。そこでどんなに大変でも、値段を下げないように頑張るべきです。もちろん、ひたすら下げたくないと主張しても受け入れてもらえません。自社商品やサービスの優位性やメリットを訴えつつ、交渉するのです。前述したように、中国は買い手市場です。そのため彼らのもとには毎日数多くの会社が訪ねてきており、外注会社の代わりはいくらでもいる状況です。

10年か15年前なら、中国企業は外国企業から勉強する意欲がまだありました。しかし、数多くの世界中の企業を相手にしている今の中国企業からは、すでに何かを学ぼうという新鮮な気持ちなど消えてしまっています。

海外企業は、もし特別なノウハウやサービスを持っていない場合なら、中国企業と同じスタートラインに立っています。もしくは、すでに不利な立場に立っているかもしれません。なぜなら、海外企業は、人件費の関係で、コストが中国企業より高くなっているからです。このコストに関して、付加価値がない場合、すでに戦う武器がないということになります。多くの海外企業は、中国企業のように、素早く、柔軟に対応できませんから、なおさら不利な立場に立たされてしまいます。

そして日本企業の多くは、欧米企業や韓国企業のように、徹底的に現地の商習慣や奇妙なビジネスルールに合わせることができませんから、中国企業との取引で最も苦労することになります。

担当者のストーカーになる

中国の独特な商習慣や国民性ゆえ、中国ビジネスで成功するのは至難の業です。日本企業は、自らの体質から日本的な部分を徹底的に捨てない限り、中国だけではなく、すべての新興国でのビジネスで失敗するのではないか、そう悲観的になってしまいます。

私からのささやかなアドバイスは、**「もっとストレートに行こう！　直球で行こう！」**です。日本の大企業の官僚主義が中国大手企業の官僚主義に出会うと、最悪なシナリオに突入します。両方とも結論を出せないまま、出口の見つけられない迷路に陥り、日本企業は、ひたすら体力を消耗していきます。

ある日、また中国企業への請求の件で悩んでいた私は、欧米企業に勤めている中国人の友人たちに知恵を借りようと相談に行きました。私の粘り戦略で、今までは基本的にうまく支払ってもらっていましたが、その企業は、明白に払わないとは言いませんが、催促に対する返事は、同じ言葉の繰り返しでした。

「今、検討しています。社内手続きを行っていますから、しばらくお待ちください」

すでに支払期限から1ヵ月近く過ぎていましたので、さすがに危険を感じ、少しイライラしていました。そこで友人に相談することにしたのです。友人は、「その会社の会計担当にとことん付きまといなさい」とアドバイスしてくれました。

私は、教えられた方法を実行してみました。その企業の朝の出勤時間を把握し、8時半から会計担当の方を待っていて、見つけるとずっと隣に座り、支払いの件について、雑談を混じえながら、柔らかく催促しました。お昼も一緒にし、支払いの件を語りました。これは、なかなか効果的な方法でした。次の日の朝も待ち受けていたら、会計担当者は私の顔を見た瞬間に「今日、支払いの件について処理します」と言ってくれました。

ですが、これを信じて帰ってしまったら、昨日の努力はすべて水の泡になってしまいます。私は会計担当者とともに、一緒に支払い手続き処理を行いました。入金を確認できた段階で、やっと帰りました。

企業間の取引において、このような「付きまとい」をすること自体、日本では想像できないことでしょう。やっていることは、本当に借金の取り立てと同じです。

注意しなければならないのは、付きまといにもテクニックが必要なことです。まず、人間的に各担当者に好かれたり、認められたりすることが重要な大前提となります。要するに、担当者との間で友情のような関係を作る必要があるのです。

彼らにとって、会社のお金は自分のお金ではありません。だから、「困った友人を助けなければならない」という心理に働きかけることが肝心です。

各担当者と仲良くし、友好的な関係を築きながら、支払期限の3ヵ月前から催促して注意し、一刻も早く支払ってもらうようにして、担当者とともに一緒に支払い手続きを行う。これが、中国企業への請求の極意かもしれません。

コネ＋交渉の社会

中国は、交渉がモノを言う社会です。

よく「中国はコネ社会」と言われますが、正しくは「中国はコネ＋交渉の社会」だと言うべきでしょう。

たとえば中国では、普通の市場や小売りの店舗だけではなく、デパートですら店員と値段交渉できます。これは日本人にはない感覚です。

極端な話もあります。中国で交通事故が起きた場合でも、コネと交渉だけで罰金や処罰が軽くなるそうです。

以下は私の友人から聞いた実話です。農村からの出稼ぎ労働者が、都市郊外で車にひかれ、死んでしまいました。運が悪いことに、その車の主は県政府の幹部だったので、賠償金はわずか2万元（約30万円）で処理されることになりました。恐ろしい話ですが、農村の人の命は本当に虫けら同様のようです。しかし、遺族は事故の日の夜に、政府幹部である友人の父親に電話で泣きつきました。友人の父親は、直接事故現場のある地方政府に行って交渉し、最終的に提示額の5倍、10万元（約150万円）で和解させました。日本では考えられない安さですが、それでも中国の農村部では破格らしいです。

これは極端すぎる例かもしれませんが、中国でビジネスをするとき、「すべてが人間関係と交渉で成り立っている」くらいの感覚でこの市場に臨まないと、勝ち目はありません。ルールは人間関係と交渉で、いくらでも変えることができるのです。

そして私は、税金交渉において、この「コネ＋交渉」の重要性を思い知ることになりました。

ルールは存在しているのか

中国企業は、外国企業よりも税務局との付き合い方を熟知しています。私も彼らの交渉には舌を巻きました。日本企業の場合、言われたことを全部真面目に受け止め、対応しようとしますから、税金を高く払ってしまったり、二重納税してしまったりすることもあります。取引相手の中国企業をうまく味方にして、納税の手続きを行ってもらうことが、効果的な節税の手段となるのです。

中国企業を説得する良い方法があります。

「節税して、その分のお金は、よりクオリティの高い技術やサービスを御社に提供できるように実務に回す」

こういう話をすると、大半の中国企業は納得します。相手の立場に立って、相手のために節約していると説明すると、良い関係が築けるのです。

中国では日本とは違い、ルールがあっても、ルール通りにならない場面がしばしばあります。また中国語という言語の特徴から、文章自体に多様な解釈が生じやすくなっています。そして現場の担当者の判断に依存するところが多いため、担当者との人間関係次第でどうしても課税の判断基準や税率の幅に差が出てしまいます。

したがって、中国企業と一緒に税務局に足を運び、一緒に対策を考えて、一緒に税務局で税率を検討してもらうことが極めて重要となります。

意外な税金交渉の顚末

2008年、真夏の日差しの中、私はすでに何度も何度も中国企業と税務局の間を往復し、税金の種類と税率を確認していました。中国企業の会計部の税金担当者とも緊密な関係を作り、すべてのアドバイスをもらうようにしていました。

いろいろと方針を詰めた後、私は中国企業の税金担当者とともに税務局へ向かっていました。これまで何度も中国税務局に行きましたが、いつも1階の窓口フロアに並んで待ち、番号を呼ばれ、やっと窓口に向かうというものでした。そして窓口の事務員といろいろ問答した末、用件は事務的に処理されていました。

しかし中国大手企業が一緒だと待遇が違います。税務局に入った途端、私たちはすぐ2階のオフィスまで案内されました。そこには立派な応接室があって、高級感のあるソファが置かれていました。お茶まで出てきました。私は、そのまったく異なる対応にひたすらびっくりしました。

外資系企業、特に規模がそれほど大きくない外資系企業なら、納税の規模もあまり大きくありませんし、中国行政部門とのコネクションもありませんから、普通はお客様扱いなどされません。にもかかわらず、私が中国大手企業と一緒に行ったとき、出迎えたのは、そのエリアの税務局の副局長クラスの人でした。中国企業の税務担当者は、単刀直入に税率等の話を持ち出しましたが、税務局の人は、満面の笑みで即座にOKしてくれました。10分もかかりませんでした。

その後少し雑談してから、我々は税務局を出ました。

あまりにも驚いたので、思わず中国企業の担当者に「これで終わり?」と聞きました。

「事前にすでに電話で交渉したからね。特に我々とは長年の付き合いだし、我々はこのエリアの高額納税者だから」

ともなげに答えられました。

外資系の企業が単独で交渉に行くと、交渉のハードルがかなり高くなります。税務交渉において、私は改めて、中国の見えない巨大な「関係網（コネクションネットワーク）」を実感しました。

中国ビジネスのリスクを最小限にするためには、業務をスタートする前に綿密な調査をすべきです。この調査は、一般的な市場調査だけではなく、契約締結先の信用調査、支払い状況調査等のことです。正式な調印をする前に、税金などの調査を実施し、契約内容や契約金額と税金をリンクさせる形で契約書を作成する必要があります。

そしてちゃんと納税している中国企業と取引できれば、私の経験のようにスムーズに話が進むこともあるのです。

第7章　自称「中国ビジネス通」の恐怖

外国語をしゃべれると信用してしまう

どのビジネスでも同様でしょうが、中国ビジネスにおいても、周辺には必ず、様々な怪しい人物が登場します。

まず触れたいのは、自称「中国社会を知っている」中国人や日本人たちです。そして、中国ビジネスのプロとみなされている人々です。

初めての土地で商売をする場合、その土地をよく知っている人は頼りになると感じます。特に日本人の場合、「日本語」をしゃべっている人に対し、安心感を抱きやすい傾向があります。その人の国籍が日本だったらなおさらです。

日本語をある程度流暢《りゅうちょう》に話す中国人には、大きく分けると、日本に滞在した経験のある人と、中国の大学で日本語を専攻した人の2つのタイプがあります。

日本滞在経験のある中国人には、かなり様々なパターンがあります。場合によっては、日本社会の底を見てきた人、あるいは日本で不法滞在して強制送還されてしまった人もいます。一方、中国の大学で日本語を専攻し、かなり流暢に日本語を操る中国人でも、日本に行ったことがない人が多いのです。

そして、長年中国に滞在し、ある程度流暢に中国語をしゃべれる日本人も同様です。彼らの中には、異国で生計を立てるために様々な手段で生きてきた人も少なくありません。時には、生きるために手段を選ばない人もいます。

中国でビジネスをしていると、詐欺師のような人、もしくは、詐欺師以下の人がよく出てきます。彼らは、まるで友達のように親しく近づいてきて、信頼関係を築いてから、徐々に本性を現しはじめます。

グレーな日本人

2009年、上海のある大型エリア開発プロジェクトが始動する際、私は上海の花園飯店で田中さんに会いました。彼とは友人のホームパーティで知り合い、そのときに名刺を交換していました。田中さんは10年間上海に住んでいて、北京語だけではなく、上海語もかなりできます。その時点での私は、彼の語学の才能に感服していました。

その後、田中さんから連絡があったので会うことにしたのです。名刺交換した人ですし、待ち合わせの場所も花園飯店なので安心できます。相手は日本人ですから、すべてがまっとうに感じられてしまい、日本的な感覚で待ち合わせの場に臨んでいました。

田中さんは、とても礼儀正しい日本人です。彼は、約束した待ち合わせの指定時間より早めに到着していました。私が到着すると、彼はニコニコして紳士的に振る舞い、カフェに案内してくれました。座って注文してから、私たちは少し雑談をしました。

田中さんは、私の来日の経歴や会社の仕事等を軽く聞いてから、ごく自然に私と私の会社を絶賛しました。それで私はすっかり良い気分になりました。人間って本当に、褒め言葉に弱い動物です。褒められると、相手に対する好感度がぐっとアップしてしまいます。私もその時点で、田中さんは良い人だなと錯覚してしまいました。

突然、田中さんが聞いてきました。

「張さんは、将来中国に戻りますか」

「将来のことはまだ分かりません。できれば、日本と中国の間で行ったり来たりして仕事をしたいと思っています」

私はこう答えました。その後、田中さんと私の間で以下のような会話のやりとりをしました。

「ぼくは上海に10年間住んできて、つくづく思いますけど、中国はやはりコネ社会ですね。張さんは、こんな大型プロジェクトを担当して、上海でのコネが必要ではないですか?」

「上海の大学を卒業しましたので、大学の先輩や同級生、後輩等は、一応知っていますよ」

「中国人は、人を紹介するのに、お金を求めませんか」

「そんなこともありましたね。田中さんは、今まで中国でビジネスをしてきて、そのような苦労をしていますか」

「いっぱいしてきましたよ。張さんはずっと日本で働いてきましたから、中身も日本人っぽくなってきたと思いますけど、今は中国ビジネスを担当して、辛くないですか」

「辛くはないです。でも、中国人なのに、自分の国がよく分かっていないなと思いますよ」

「その気持ちはすごく分かります。ぼくから一つ提案があるのですが、張さんの会社がぼくの会社にコーディネートの一部を任せるのはどうでしょうか」

「コーディネートって、具体的にどのような仕事でしょうか」

「中国側との斡旋《あっせん》作業ですよ。張さんの会社は、管理が厳しいと思いますが、こちらは謝礼を出しますよ。もちろん、張さんの会社に知られない形でね」

キックバックを提案する人だった

話がここまできて、なんだか、少し前に会った怪しげな中国人たちに似ているような気がしました。しかし、相手は日本社会や日本企業の体質をよく分かっていますから、中国人と比べて、話し方が婉曲《えんきょく》です。容易には判別できません。いや、むしろ、あの語り口を信頼して、その罠《わな》にはまってしまいそうです。私は、その場で即答せず、考えますと答えて、少し雑談してから、帰りました。

その後、紹介してくれた友人に田中さんの会社の実態を聞いてみました。実は、友人もよく知らないようです。別のパーティで知り合って、その後も上海のいろいろな集まりの場で会っていることから、ホームパーティにも呼んだそうです。

田中さんは、ずっと上海でこのような「コーディネート」業務をしているようです。時には、日本人の観光客を偽ブランド品ショップが集まる「七浦路」のビルに連れていくなど、上海案内などもやっているようでした。このような仕事をするとき、日本人の観光客からお金を取るだけではなく、連れていったショップの中国人のオーナーからもお金を取っています。いわば、ダブル仲介料の「コーディネート」仕事です。そのため田中さんは、様々な集まりに出て、ひたすら人と知り合い、あらゆるコーディネートの仕事につないでいるようでした。

つまり、田中さんは、すでに中国人のように中国社会に溶け込んでいて、中国人と同様に「仲介ビジネス」に依存しながら暮らしている人だったのです。

彼の元の姿、もしくは、本当の姿は、誰も分かりません。はっきりしていることは、彼もグレーな中国人と同様に動いているということです。ただ彼は、日本人と日本のことをよく知っていますから、ストレートにマネーを要求せず、より巧妙な手口で物事を進めようとしています。

逆のパターンも同様です。日本語を流暢に喋って「コーディネート」の仕事をしている中国人も、田中さん同様に日本人に通じている部分があります。

彼らを判別するには、より高度な選別眼が必要となってきます。

本物の中国ビジネス通は少ない

自称「中国ビジネス通」の人たちの中には、もうひとつのパターンがあります。「中国人の特徴は○○です」と、自信たっぷりに中国人と中国社会の特徴を語りたがる人たちです。

こちらにも私はよく遭遇しました。中国でいわゆる正統派のビジネスをしていた日本人や、日本企業に勤めていた中国人によくあるパターンです。

このような方々は、まともに日中ビジネスに携わってはいますので、自信に満ち溢れています。数年間中国に住んでいるだけなのに、自分の中国に対する認識は絶対的なものであり、すべて正しいと固く信じているのです。

業務にこのような人が加わった場合、悲劇が発生します。この人のフィルターを通した中国情報や中国ビジネス経験が拡大解釈され、ビジネスの現場で応用されてしまうからです。

もちろん経験にもとづくノウハウは重要ですが、中国という国は、日々変わっています。国の政策やルールも変われば、取引先企業の担当者によってそのルールや政策も変わっていきます。つまり、極端な「ケースバイケース」の国なのです。

成功体験に支配される人々

某広告代理店に勤務する金井さんは、2002年から2008年までの間、上海に駐在していました。当時の中国は高度成長の最盛期であり、年間2桁のGDP成長率で世界を驚かせた時期でもありました。

駐在していたころの金井さんは、日本の化粧品メーカーの広告業務を担当していました。クライアントとともに、中国のあらゆる都市へ足を運び、化粧品の販売に全力を注いでいました。中国の高度成長とともに、あらゆる都市で人々の消費意欲が高くなっており、日本の高級化粧品も飛ぶように売れていました。また、商品のセグメントはまだ細分化されておらず広告の力も強かったので、消費者は、広告や販促キャンペーン活動に容易に誘導されていた時期でもありました。

要するに当時の中国は、今の「買い手市場」ではなく「売り手市場」の時期だったのです。

このような成功体験を存分に体験した金井さんには、中国人以上に「チャイニーズ・ドリーム」のキラキラした感覚が染みこんでいます。

２０１１年、中国進出しようと考えた日本のある日用品企業が、自社商品の中国市場における広告展開プランについてコンペを行いました。良いプランを出した広告代理店は、その会社の年間広告業務全般を受注することができます。また、これをきっかけとして、今後この企業の中国マーケティング戦略に直接関わることもできます。代理店にとってとても重要なコンペとなります。

金井さんは、社内会議で自らの経験を前面に出し、バブル中国市場を強調しました。日本人は安心を求める傾向にありますので、どうしても「駐在経験者」という権威から出てくる言葉に弱くなります。金井さんの意見は社内で支配的になったようです。そして金井さんの会社から出されたプランは、消費意欲が高い中国では人々が争って高級品を購入することを前提に、高級路線でブランドイメージを築こうとするものでした。

しかし、２０１０年後半から中国の経済発展のスピードは徐々に落ちています。ＧＤＰこそ日本を抜いて、アメリカに次ぐ世界第２位になっていても、莫大な人口を抱えているので一人あたりの実際の年間収入は低いままです。これは中国政府ですら公認している事実です。大半の中国人の生活水準はバブルとはほど遠いものなのです。

また、今まで金井さん自身が担当した商品は化粧品でしたから、スーパーで売っている日用品と根本的に違います。化粧品は、高価格なことから高級デパートで売られており、中国の中間層や富裕層向けの戦略でブランドイメージを築くことができますが、洗剤などの日用品を購入している大半の人々は、ごくごく普通の庶民です。中間層も車やマンション、洋服、化粧品などにはお金をかけますが、日用品に関しては堅実路線です。富裕層は確かに高級輸入品スーパーでモノを買っていますが、それは国民のほんの一部にすぎないのです。日用品のメインターゲットにはなりません。

金井さんの自信に満ちた「バブル中国論」に圧倒されたこともあり、初めて中国へ踏み込むこの日本企業は、私たち栄速社の提案した堅実な案を退け、金井さんの会社の案を採用しました。

やがてその会社は、巨額の宣伝費を使って、中国で高級路線の日用品のイメージを築こうとしました。中国の人気スターを起用し、テレビCMを流し、大型屋外広告を出し、店頭でも豪華なキャンペーンを展開しました。

結果は残念なことに、一時的に注目されたものの、見事な失敗で終わりました。その日用品企業はあっさり中国市場から撤退しました。中国のスーパーや店頭で陳列したとき、確かに高級品のイメージを醸成できましたが、値段は韓国や台湾、中国の同類商品よりはるかに高く、そのわりに優位性も少なかったので、中国の庶民たちは手を伸ばしてくれなかったのです。

中国国民性論の罠

同じような失敗事例として、佐藤さんのこともお話ししましょう。10年近く日本企業の中国支社のCEOとして活躍し、その経験を活かして、日本企業の中国市場進出コンサルティング業務をこなしている人です。

私も佐藤さんのセミナーに出てみました。セミナーの中で佐藤さんは、ひたすら中国人はどのように日本人と違うのか、北京と上海、広州の人はどう違うのか、と国民性を説き、だから中国の市場はこうですと、自信満々に講義していたのです。

実際に佐藤さんは、様々な日本中小企業の中国市場進出をサポートしていました。しかし調べたところ、彼のコンサルティングの下でうまくいっている日本企業は、ほとんどなかったのです。

私は、国民性論、国家論を帯びた中国ビジネス論をまったく信用していません。

理由は、とても簡単です。

13億人を抱え、巨大な土地を持っている中国と商売するわけですから、そもそも一律に語れる「論」などありません。

たとえば上海には、いわゆる生粋の上海人は、ほとんどいません。上海人自身も皮肉っぽく言います。

「本当の上海人は、みな浦東の奥の田舎《いなか》に住んでいるよ」

1990年代後半以降、中国の戸籍制度が徐々に緩和され、地域間の住民移動も盛んになり、いわゆる「ニュー上海人」が注目されるようになりました。ニュー上海人とは、元々の上海人ではなく、仕事などの関係でマンションを購入したりして、上海に定住するようになった人のことを指します。彼らの価値観や気質、性格は、かなりバラバラです。でも、彼らも上海人です。

北京人と上海人がどう違うのかを分析するのは、本当に無意味です。データ化されたビジネス論は、ビジネスの現場で最も通用しません。

コネを自慢する人は危険です

同様に、「自分は中国人だ」ということを売りにしている中国人の言説も、少し疑いの目でチェックすべきだと感じます。

李さんは、長年日本企業で勤めてきた中国人です。彼は今上海に戻り、日本企業を相手に、中国の人的ネットワークや今までの経験を売りとして商売しています。これも中国ビジネスに携わっている人々によくあるパターンです。中国がコネ社会だということはすでに有名ですから、人脈を売り物にする日本人と中国人が山ほどいるのです。

李さんのような人の最も顕著な特徴は、「私は、○○をよく知っている」と自慢げに言いふらすことです。確かに中国市場では、人脈を通じて商売すると、とても便利で物事を進めやすくなります。ただ、人脈と人脈の力を活用できる人は、そんなに表に出ませんし、それを言いふらすこともしません。

日本には「能ある鷹は爪を隠す」ということわざがありますが、中国でも実力者は常に水面下で物事を動かしています。

李さんはよく様々な日本企業の経営層を連れて、中国政府や行政部門の幹部に会わせています。「中国政府の幹部につながるネットワーク」というバックグラウンドがある李さんは、天狗になっています。「日本企業の経営層」と「中国政府の幹部」という2つのキーワードを駆使する李さんは、ほかの企業を相手にするときも、日本の大企業の経営者の名前を平気で挙げ、「オレは○○社の○○さんを知っている」と自慢します。

ある日本企業は、上海の浦東エリアで工場を作ろうとしたとき、李さんの人脈を活かそうとしていました。李さんに多額のコンサルティング費用を払うことで、便宜を図ってもらおうとしていたのです。李さんは、自分の家族の上海帰省費用までその企業に払わせていました。そして、あらゆる場面で、「上海の税務局や公安、政府幹部などの関係者に協力するお礼の気持ちを表さないと」と言って、コンサルティング費用以外にもわけのわからない費用を請求しました。しかも、ほとんどが事後請求という形でした。日本企業に対し、「自分のお金で先に立て替えたので」と主張していました。

しかし、工場を作ろうとしていた土地自体が、最初から外資系企業に貸すことはないと決められていた物件だったと分かったのです。その情報は、日本企業がほかの関係者から仕入れた情報です。でもその時点ですでに、李さんにはコンサルティング費や謝礼に関わる用途不明な金がたくさん支払われていました。日本企業は、泣き寝入りするしかありません。これも高額な授業料を払って学んだ教訓だと思うしかありません。

中国ビジネスだけではなく、あらゆるビジネスの辞書には「絶対」「100%」という言葉はありません。ですから、事情を聴いた後で、淡々と「やってみますが、できるかどうかわかりません」と言って、自分の人的ネットワークを明かさない人のほうが、私は「本物」に近いと思います。なぜならそのように言う人は、中国ビジネスの原則を本当に熟知している可能性が高いからです。人的ネットワークを明かした時点で、本当に便宜を図ってもらったら、やってくれた人の身元が完全にバレてしまいます。それは相手にとっても、自分にとっても、リスクが高すぎます。

「本物」の特徴

では、「本物」はどんな人でしょう。**協力してくれる関係者を守る意識が高い人を、「本物」と呼んでいいと思います。**

確かに中国のあらゆるところが、グレーの関係で動いていますが、政府や行政、国営企業の幹部は、上に行けば行くほど、慎重になってきます。単刀直入に表でお金や利益を求めてくる人は、実はポジションが低いか、実権を握っていない人々なのです。

実権を握っている人たちは、より山の奥にいます。彼らが今のポジションにたどり着いたのは、それなりの年月やエネルギー等を使ってきたからです。少しの利益のために、自分の持っている権力をさらけ出したりはしません。また、権力者に本当に繋がっている人々も、どのような形で「恩返し」するべきなのかを熟知しています。

私は、かつて上海のいくつかのシークレットパーティに出たことがあります。そこは、上海市政府のトップレベルの幹部を囲む食事会のような形となっていました。

すべての国が同じような構造かもしれませんが、「権力」は必ず「金銭」とリンクしています。政府高級幹部の周りには、必ずビジネスマンらしい人がいます。このような人は自分の会社を持っており、うまく政治業界に入り込み、そこで自分の事業に直結している政府の幹部を見つけ、その幹部と親密な関係を築きます。具体的には、その幹部の身の回りの出費を賄《まかな》うのです。たとえば、子供の留学費用、家族名義の会社の設立資金、日々の食事代、生活費など。見えないところで、このビジネスマンの資金が隅々まで政府幹部の生活に浸透しているのです。もちろん、これはボランティアではありません。彼のビジネスのために、この政府幹部もあらゆる部分で便宜を図っています。ごく自然な流れで、あるいは知らないうちに、彼らはすでに一体になって、利益共同体となっています。

山の奥で行われていたこと

２００８年秋のある夜、私が参加したあるシークレットパーティの主催者は、このようなビジネスマンの一人である王さんです。王さんはアメリカに留学した経験があり、２０００年ごろに中国に戻ってきました。帰国した王さんは、不動産事業をスタートしました。当時の中国は不動産バブルの真っ盛りで、王さんはそこで大儲けし、事業基盤を築きました。

不動産事業をしていた当時、王さんは政府の力の大きさを痛感しました。たとえば、土地の入札でも、もし政府とのパイプがあれば、大変有利な条件でかつ優先的に獲得できます。今後のさらなる事業発展のために、彼は中国政府幹部とのパイプを作ろうと思いました。そこで彼は、若い政府幹部である金さんに目をつけました。金さんは、当時まだポジションが低かったのですが、王さんは「この人は偉くなる」と見込んで、金さんの出世をサポートしました。いろんな費用を負担したのです。

王さんはやはり優秀なビジネスマンです。チャンスと物事を見極める能力を持っていました。予測通り、金さんは30代後半にして重要なポジションにつき、権力を手にしました。初期の伯楽《はくらく》となった王さんは、金さんの絶大な信頼を得て、政治的な場面にも出入りし、政府幹部を紹介され、巨大な「関係網」を作り上げました。

王さんは、このネットワークの中で、さらに自分にとって有効な政府幹部に様々な形で資金を提供していきました。このようなネットワークの人々は、互いに利益上でリンクしており、巨大な利益共同体になっています。

これは共同体ですので、誰かがボロを出すと、次々と連鎖し、利益共同体が崩壊してしまいます。そのため、みなが互いに守り合っています。

中国では、このような「役人」と「ビジネスマン」との利益共同体はごく普通に存在します。互いが利権で絡みあい、便宜を図り合っています。

このような背景もあって、本当に政府や行政機関の幹部に繋がっている人々は、自分のコネについて明かしません。いや、明かせません。

だから、「本物のコネクションを持っている人物」はペラペラと「自分が誰々を知っている」と容易に話したりしない、と断言できるのです。

根気強く「本物」を選ぼう

　私は、上海でシークレットパーティに参加したとき、このような利益共同体の氷山の一角を垣間見る《かいまみ》ことができました。パーティは戦前のオールド上海時代に建てられた洋風邸宅で開催されることが多いです。彼らは、これを「私家倶楽部（プライベートクラブ）」と呼んでいます。そこで一流シェフを招き、高級食材を存分に使った贅沢《ぜいたく》な料理と酒を出します。たいてい10人程度の集まりで、政府・行政機関の高級幹部や、メディア業界の大物、経営者が参加します。参加している女性もテレビ局のアナウンサーをはじめ、メディア業界人や経営者などが多いような気がします。

　そこで食事しながら、最近の政治状況を語り、互いの頼み事も、当事者同士しかわからない暗号のような言葉で話し合っています。政治的な話題の多くは、人事の話です。ビジネス業界の人々にとって、これは大変重要な情報交換の場です。自分のビジネスにとっての重要な政治人脈に関する情報がその場で分かってくるのですから。

　中国では、政治と金銭の繋がりが本当に深いと感じました。

　「本物のコネクション」は慎重派が多いということを、中国市場に入るときはぜひ覚えておいてください。彼らは、表では派手に動きません。ペラペラと自分の人脈を自慢している人間に会ったときは、その場ではフレンドリーに会話を交わし、その後フェードアウトしましょう。決して、このような人物を敵に回してはいけません。彼らは埃《ほこり》のようなものです。どこにどんな形で入ってきて、いつビジネスの邪魔をしてくるか分かりません。繰り返しますが、それだけは銘記したほうがいいです。

そして、中国市場に進出する際に、どのような弁護士や、会計士、税理士、コンサルティング会社に頼むのかということも極めて大切です。中国は、「法治」社会というより「人治」社会です。すべてのルールや規制、法律等は、担当者と当事者の解釈や働きによって、だいぶ違ってきます。自称「中国市場の経験豊富な専門家」がいっぱいいますので、真贋《しんがん》の区別はかなり重要です。

私の経験上、依頼したい事務所のオーナーが日本人の場合なら、できれば、日本語と中国語の両方に堪能《たんのう》な、中国人の同業者（弁護士、会計士、税理士）を雇っているところがいいです。そして、日本人の専門家にせよ、中国人の専門家にせよ、どちらも中国国内における豊富な実績と経験が必要です。

それだけではなく、自分がこれからビジネスしようとするエリアで実務経験のある専門家を選択すべきです。中国は、エリアによって、法律等の運用などがかなり異なってきます。また、そのエリアにおいて長年の経験があれば、関連行政部門で人的ネットワークを持っているはずです。

たとえば、上海でビジネスをするのに、大連でコンサルティング業務を行っている専門家を雇ってもまったく無意味です。

「自称専門家」の丸儲け

私にしても、高い確率でインチキくさい専門家に出会ってしまいました。

丸山先生は、上海エリアで10年ほど働いている弁護士で、企業進出において豊富な経験を持っており、多くの大手日本企業の企業顧問を担当していると言われていました。このような華やかな経歴を聞いて、思わずその権威を深く信じてしまいました。

しかし、丸山先生の専門性とネームバリューを信じたツケは高くつきました。あるクライアントは、本社が福州ですが、プロジェクトの作業発生地は上海でした。クライアントは、代行して税金等を支払ってもらうとき、福州でやりたいと言っていました。彼らは福州の税務局とよく付き合っているので、いろいろと交渉しやすいからです。

丸山先生に、このような「作業地」と「クライアント本社地」が異なるケースを相談した際に、丸山先生は、「二重課税のリスクがある」と指摘しました。「ではどうしましょうか」と相談すると、延々とリスクを指摘するレポートだけが提出されてきました。明確に上海で払うべきとも言わず、解決案も明確に提示してくれません。

何度国際電話でやりとりをしても、同じ話の繰り返しです。いつも専門性の高い言葉を使ってリスクがあることを主張します。あまりにも専門性の高い言語を使用しているため、私はまともに理解できませんでした。レポートも同じです。プリントアウトして、何度読んでも、その意味が正確に把握できませんでした。

私は最初、自分の日本語の理解力が低いのかとかなり悩んでいました。ある日、また3時間以上の国際電話会議を終え、長い聞き取りでクタクタになってしまいました。私は、迷った挙げ句、少し小さい声で、隣の日本人スタッフに「丸山先生の日本語がとても分かりにくい。さっきの話の主旨って、いったい何なんだろう？」と聞きました。スタッフもかなり疲労した顔で、私の目をジーッと見つめて、「実は、オレも全然分かってなくて、自分は頭が悪いのかなと思っていたよ」とささやきました。

あやうく爆笑するところでした。謎が解けました。丸山先生は、明確な解決案を提示できない「自称専門家」だったのです。

よくよく考えると、これは、かなりいい商売です。レポートは、もちろん内容と分量によりますが、専門家の作ですから、一回で最低でも10万～15万円くらいかかります。また、時間チャージですので、企業コンサルティングの専門家なら、1時間最低でも5万円ぐらいからスタートしています。解決案を提示しなければ、相手は永遠にアンサーを求めます。だから、永遠にコンサルティング料を取り続けられます。

しかも、日本人は、ネームバリューに弱く、ビジネスパートナーと長期的な取引関係を築きたいという傾向にありますので、なかなかこのようなコンサルティングから離れられなくなります。

言葉の通じない専門家

宮本先生の法律事務所は、中国語、日本語、英語の3ヵ国語に対応できます。日本国内では、優秀な最低2ヵ国語対応可能の日本人弁護士を抱えており、上海事務所でも、同じく最低2ヵ国語対応可能の中国人弁護士が在籍しています。優秀な事務所です。返答は、いつも明確で、書式も分かりやすく、必ず最後には解決案を提示してくれます。しかも、解決案が2種類以上ある場合は、それぞれのメリットやデメリットも明記してくれます。

それでも、最初に我々のプロジェクトにつけてくれた中国人弁護士の杜さんには問題がありました。日本留学の経験があり、中国の名門大学を卒業したと言われていますが、日本語の理解力に不安がありました。会議のときに、こちらの説明を理解しているか怪しかったのです。そのため話のテーマがいつも会議途中でズレてしまいます。

たとえば、中国に支社や事務所などがないケースにおいて、頻繁に出張することでプロジェクトを獲得しようとする場合、営業許可書の取得が必要かどうかという質問について議論した際、杜さんは、「すぐ事務所を設立すべきだ」と答えました。

しかし、事務所を設立するためには資金と時間がかかります。たった1回のプロジェクトを獲得するために、事務所まで作る必要性は感じられません。そこで解決案はありますかと聞いたら、杜さんから「営業許可書は、取るのに1年以上かかります」という答えが返ってきました。その場で、我々全員「あれ?」と思いました。

このような話のかみ合わない会議を何回も行っていたため、どんどん時間とお金を無駄にしてしまいます。そこで宮本先生に恐る恐る相談しました。宮本先生は、曲先生という中国人の弁護士に替えてくれました。曲先生の日本語はとても流暢で、アドバイスも適切、レポートもロジカルで分かりやすいものでした。

営業許可書の問題についても、素早く明確な道を示してくれました。

「確かにグレーゾーンですが、今まで多くの外国企業は、海外法人のままで中国企業と取引を行っていますし、中国政府にも海外企業のノウハウなどを吸収したいという考えがありますから、単発のプロジェクトのために、わざわざ営業許可書を取る必要はありません。ただ、確かに100%の確率ではなく、リスクもありますから、この点についてはクライアントと連携し、よくプロジェクトの業務内容を査定したほうがいいでしょう。コンサルティングや技術、デザイン、サービスなどのソフト関係の受注で、なおかつ長期的な取引ではない場合なら、営業事務所を作る必要はありません」

ちなみに前述の丸山先生にも同じ質問をしましたが、丸山先生は、ひたすらリスクがあると主張するレポートを提示するだけで、解決案を一向に明記してくれませんでした（そして栄速社は高額のギャラを支払い続けました）。

この問題で堂々巡りをしていた私たちにとって、明快に道を示してくれた曲先生は、神様のように見えたものです。

無知は食い物にされるだけ

また、中国では税法などの法律が頻繁に改正されるため、具体的な方法論を提示してくれる社外コンサルティング会社および、複数のコンサルティング会社への相談が必要になります。そして、簡単にその名前の権威に圧倒されてはいけません。

安易にコンサルティング会社に頼む前に、まずは自分で詳細に事例を調べるべきです。そして、コンサルティング会社に関しても、その実績をよくヒアリングしたほうがいいでしょう。知識を持ったうえでの選択、判断をしましょう。

これは投資や就職活動とまったく一緒の原理です。**無知こそ最大の不幸です。無知なままでは、容易にネームバリューや権威に屈してしまい、洗脳されやすくなります。**

日本人だから信用できる、日本語を喋れるから信頼できる、といった思考パターンや行動習慣も、徹底的に捨ててしまったほうが賢明です。

それこそが、中国の市場だけではなく、グローバルビジネスにおける成功の第一歩であると感じます。

第8章　奈落

ランク付け構造

私は、上海万博業務を通して、いつまでも終わらないコンペ、缶詰状態の契約作業、取り立てのような請求作業、市場での値段交渉のような税金交渉に関わってきました。

そして、すべてが終わり、落ち着いて仕事に専念できるだろうと思った矢先、中国企業との契約が次々と破綻することになったのです。

破綻の話をする前に、少し中国の国営企業の構造についてお話ししましょう。これは、日本では意外に知られていないものです。

まず中国政府は、国営企業の完全な民営化をためらっています。金融や情報通信等の重要産業を、国家が全般的にコントロールしたいと思うからです。

中国には、**国有資産監督管理委員会**という組織があります。名前通り、国有資産を管理するトップ部署です。

２００３年に設立された同委員会の主な業務は、国営企業の役員・経営陣の任命、株式や資産の売買、国営企業に関する法令の起草などです。チャイナモバイルや中国石油などの重要な企業は、直接このトップ機関に管理されています。つまり、国営企業は、基本的に政府行政部門のようなものなのです。

また、地方にある国営企業は、その地方の国有資産監督管理委員会に管理されています。国営企業にもランク分けがあるのです。

私が接触した経験では、**国営企業のランクが上に行けば行くほど、従業員のエリート意識が高く、行政部門（つまり官僚）に近い特徴や対応になります。**そして、外注先の会社に対して高飛車な態度を取り、契約は「覇権条項」が基本になります。彼らの意識では、同レベルの企業、たとえば国営企業同士なら、パートナー企業として扱いますが、外注先の会社は「使用人」のように扱います。

民間企業や外資系企業は、どんなに大手でも、なかなか同列にはなりません。

中国も日本同様、「官」と「民間」の間に境界線があります。ただ、中国の場合、「官」は絶対的な権力とポジションを持つので、あらゆる面で恵まれています。

話を聞かない中国人

私が担当していた満風社は、中国の大手企業でした。おそらく、私たち栄速社のような「パートナー姿勢」で作業をする「外注会社」は初めてだったことから、最初は少し新鮮に感じたようでした。

愛知万博を見学した彼らは、自社の万博プロジェクトを同様に立派なものにしたいと考えました。そのため、彼らは当時、懸命に日本の専門家や専門企業の意見を聞きました。

一方、熱心に聞いたわりには実行に移さなかったという印象も強く残りました。その明確な理由は私にも分かりませんが、日本の専門家や専門企業を招き、会議をやって、資料をいっぱい提出してもらい、プレゼンもいっぱいやってもらったのに、それらを実際の行動や施策に反映していない気がしました。

たとえば当時、会場建設やパビリオン建設のことについて、日本側は詳細なスケジュールやプラン、定期的なチェック作業などを丁寧に提案しました。運営スタッフの育成や、世界のプレス対応についても、細かく周到に提案しました。

しかし結局、会場建設や、パビリオン建設、スタッフ育成などは、余裕をもって実施されず、かなりぎりぎりのタイミングで、人海戦術で一気にやっていました。その様子には、中国人の私でもハラハラしていました。

逆にこういう面では、中国の物凄い力を実感してしまいます。日本人なら「もう無理」と言いたくなる時期になると、一気に大量のマンパワーを投入し、すごい勢いで作業を進め、様々な作業を完成させました。中国の旧正月という、最も「民工（農村部の出稼ぎ労働者）」を雇いにくい時期であっても、中国は多くの「民工」たちの帰省を止めさせて、上海万博会場の建設に参加させていました。

根拠のない自信と自己中心性

中国側の態度が傲慢《ごうまん》になり始めたのは、前に書いたように2008年の北京オリンピック、そしてリーマンショック以降だと記憶しています。

満風社も態度が変わりました。担当者はこれまではキックバックをもらうような行為を、自社のスタッフに厳禁していました。しかし、今や彼らは、自分たちが万博の基本知識をすでに身につけていると思うようになり、日本側の意見に耳を傾けなくなりました。日本側との衝突が徐々に顕著になってきました。

日本側のプロジェクト推進方法は極めて慎重で、スケジュールを重視し、一つ一つの作業を丁寧に細かく確認してから、進めていきます。そのため、最初に立てられたマスタープランが非常に重視されます。もちろん軌道修正もありますが、チーム一同でプロジェクトを推進していく際に、ビジョンやスケジュールを共有することはとても大切です。これが日本製品のクオリティの高さの要因の一つだと思います。

一方、中国側の作業では、主に以下のような特徴が挙げられます。

チームワークより個人プレーを重視：中国では離職率が高いので、多くの中国人は「自分がチーム内で主役として活躍し、次のキャリアに繋げる」ということばかりを考えます。よってチームワークという概念は皆無に近くなります。

地道な作業をしないで主役になりたい：華やかな舞台の背後には、たくさんの地道な作業の積み重ねがあるということを、中国人は理解していません。主役になるには、まず修業が必要です。しかし修業をしようとする中国人にはあまり出会えませんでした。多くの中国人は、稼ぐことや出世することばかり考えています。周りがざわざわしていますから、落ち着いて真剣にスキルを身につける姿勢がありません。

物事を深く理解しようとしない：したがって、物事の推進も計画的ではありません。かなり多くの中国人が、ちょっと見聞しただけで、すぐに「もう分かった」と言って、自己流でやろうとします。あらゆるビジネスでその傾向を感じます。本当に熟知してからならば自己流でやろうとするのもいいですが、たいていは中途半端な状態なのに自己流でやろうとします。

なぜ中国の建物は無残に壊れるのか

中国の商品や工事のクオリティが世界中で疑われています。一言で言うと、雑なのです。万博の工事もそうでした。もし、もう少し余裕をもって、きちんとやれば、もっと洗練されたものができたはずです。実際、着工前から多くの外国の専門家がスケジュールに問題があることを指摘していました。

中国の建築には危ないものが多いのですが、これも無謀にコストを削減したうえで、深く計画せず、形だけ作ってしまえばいいという雑な作業スタイルによるものです。

計画をまともに立てずにやろうとするセンスは、私にはまったく理解できないものです。根本的な理由は、「人命を重視していない」ことにあるのではないかとすら思ってしまいます。

「人の命は、草のようなものだ。一人死んでも、まだ13億人いるから」

こんな考えが根底にあるのではないでしょうか。だから、モノを作るときも安全など配慮しないのです。

いろいろな意味で、中国と日本のワークスタイルは極めて異なります。

中国人がよく言う言葉は「差不多就行了（適当でいいよ）」。これは、悪い意味での「テキトー」です。

日本人のスタッフは、物事を真剣に考え、じっくりと練り上げていきますが、中国人は、スピードを重視します。だから、多くの場面において中国人は、日本人の作業スピードが遅いと思いがちです。実際に私たちも、「作業が遅い」としばしば指摘されました。

しかも中国側は、本当にしょっちゅう考えが変わりました。よくあるのが「上層部の○○さんがこういう意見を言いましたから、案を全部やりなおしましょう」というケースです。そして翌日、また「別のトップがこう言ったから、昨日の案も全部否定して、一からやりましょう」となるのです。

こうして、いつまでも修正を繰り返す事態となり、実作業はスタートできなくなります。行政部門や中国大手企業におけるプレゼン地獄は、このような決められない方針が根本的な原因だと思います。

これは、本当に時間とエネルギーの無駄でしかありません。

計画を重視する日本人と思いつきで行動する中国人

日本は、基本的にマスタープランをベースに、ステップバイステップの作業を進めます。だからこそ、相対的にクオリティの高いものが作れます。中国は、いつまでも決められず、その結果ぎりぎりのタイミングで作業をスタートしますので、スピードだけを求めます。これではクオリティが落ちるのは当然です。

上海万博の会場建設も同様です。日本の博覧会専門家たちは、かなり早い時期にすでにスケジュールについて提案し、よりレベルの高い万博を開催するために、4～5年前からマスタープランを確定し、実際の作業をスタートすべきだとアドバイスしていました。

しかし中国側は決められませんでした。あらゆる外国の専門家の話を聞いた末、2008年の北京オリンピックが終わってやっと計画が落ち着き、2009年の年初から急速に建設作業がスタートしました。

その結果、2010年の正式開幕前に実施したテストランニングの際、トラブルが多発し、その大半が作業のクオリティに関わるものでした。たとえば、中国館の予約システムはテストランニングの初日に壊れてしまいました。万博開幕後、その立派なシステム機械はずっと会場内で飾り物のように置かれ、予約券は全部スタッフが手で配っていました。

このような日中のワークスタイル、もしくは品質に対する考えの大きな違いから、日中間での協力は本当に至難の業だと思います。

じっくり作業ができなければ、当然のように良いものが作れません。ずっとクオリティを追求してきた日本企業にとって、これは辛いものです。歯車がかみ合わない状態が続くと、結婚生活のすれ違いに似たものとなり、だんだん互いの価値観や性格の欠陥ばかりが目についてしまい、イライラしはじめます。

そして中国側は、ガンガン意見を言います。しかも発注者なので強気の立場にいます。そもそも中国人は、日本人より物事をはっきり言いますし、喜怒哀楽も表情に出やすいので、その意見は日本人にとってきつい仕打ちに感じられます。

当時、一緒に作業をしていた日本人スタッフの一部は、中国と中国人が大嫌いになってしまい、「生理的に受け付けない」とまで言うようになりました。その気持ちはよく分かります。今まで日本で穏やかに、計画的に作業を進めてきた日本人にとって、コロコロ変わる中国のワークスタイルや、ガツガツ言ってくる中国人に恐怖を感じてしまうのは仕方がない気がします。

一方、中国人から見ると、自分の目先の利益を追求しようとせず、黙々と働く日本人が気持ち悪いようです。私もしばしば中国人に聞かれました。

「ねえ、日本人って表情が読めない。いったい何を考えているの?」

そんなとき、いつもこう答えます。

「たぶん、良いものを作るということ以外は、深く考えていないと思うよ」

私も日本が長いですから、日本の穏やかなスタイルに慣れてしまい、ドラマチックな中国式ワークスタイルに違和感を覚えます。

さらば、中国企業

日本企業と中国企業との協力は、スピード離婚するべきだった夫婦が熟年になったようなもので、破綻は必至だったのでしょう。そして、栄速社と満風社も、熟年離婚を控えた夫婦のように、会議で互いを憎み合うようになりました。

期限が日々迫ってくるのに、仕事がスタートできないので、焦りもピークに達しました。また、ちょこちょことキックバックを求めてくるというダークな話が出てきたり、「ホステスのいるカラオケに連れて行ってください」といった少し色っぽい要求も出てきたりして、疲労感が日々溜《た》まっていきました。

こうして私の人格崩壊状態も最悪の時期を迎えます。企画書は常に修正し、提出し、さらに再修正する。徹夜や深夜残業が日常でした。日本のスタッフから見れば、きりのない修正作業が繰り返され、まったく出口が見えません。

何を出しても、最初に「いいね」と言っている割には、その後またすぐ方針転換し、別の案を求めてきます。

ある日、あまりにも繰り返し修正作業を要求されたことから、私の苛立ちはピークに達しました。もう笑顔で対応することはできません。

「鶏が卵を産むのにも時間がかかるんだよ！」

思わずクライアントに言い放ってしまいました。

このような状態が1年近く続き、最終的には「性格が合わない」という理由で、私たちは満風社から契約解除されました。

中国側は、自分たちがすでにすべてのノウハウを入手したと思ったのか、もっとコストが安く、キックバック等の要求に柔軟に対応してくれる中国企業にプロジェクトを渡しました。皮肉なことに、中国側は日本側の企画案をひどく批判していたのにもかかわらず、最終的に開かれた万博イベントは、日本側の案をそのまま使ったものでした。

結局、何が不満だったのだろうといまだに不思議に思えます。きっと結婚生活みたいなもので、結婚しているときは相手の悪い部分しか見えず、別れてしまうと、相手がいままで言ったことがキラキラしはじめ、一理あると思うようになったのでしょう。

それにしても、中国企業と日本企業の相性の悪さを痛感するばかりでした。

別れても安心できない

しかも、契約解除の際に満風社は、「すでに発生した分の作業費用を払わない」という話を持ち出してきました。こうして、さらに私は請求に苦しめられることになったのです。

これは離婚する際の慰謝料請求より厳しいものでした。いろいろな手を使いました。先に書いたような悲劇のヒロインになる、付きまとう、女チンピラになるなど、様々な方法をやりつくした後で最終的にやったのは、担当者を家に帰らせないことです。

ずっとオフィスに座り込んで、ひたすら払ってくださいと訴えます。すでにいろいろとやっていましたので、最後には担当者も疲れ果ててきました。

夜21時に2人でオフィスに座っていました。私の態度は、もし払うというサインを出さないなら、今日2人でこのままずっと座っていようというものでした。私の強い意志が強烈に伝わっていましたので、ついに担当者はすごく疲れた顔で私に言いました。

「明日、絶対支払い手続きをするように、社内を説得するから」

そこで私はやっと担当者を解放しました。

次の日、朝イチで私は満風社に行き、朝からずっと担当者を監視しながら、支払い手続きをやってもらいました。

すべての手続きを終え、その会社を出たその足で、私はすぐ近くのマッサージ店に行って、2時間のマッサージを受けながら爆睡しました。

メールが救ってくれた

もう一つの会社は、前述したギアがいた雲麗社です。ギアがキックバックをもらっていると決めつけ、退社に追い込んだ役員が私たちの前に出てきました。彼はギアが推進したことを全面的に否定し、ギアが選んだ私たちに対しても反発し、契約金を大幅に下げろという無茶な要求をしてきました。当然のことながら私たちが拒否すると、さらに安い金額を言ってきました。中国の市場でやる交渉よりはるかに厳しく、ダイナミックでした。

彼はかなり豪腕で、やり手でした。商談でも、こんな無茶な理由にもかかわらず、きわめて正論であるかのように語りました。そして契約金だけではなく、企画案も全部変えろと言いはじめました。あまりにも理不尽ですので、私たちが抗議すると、次に出てきた話は「契約を解除します」です。

かなりもめた末、強引に契約を解除されてしまいました。それどころか、契約解除した際、すでに発生した作業費用を払わないと言ってきました。

ところで、多くの中国人、特に国営企業や行政機関に勤めている中国人は、メールより電話が好きですので、業務に関してメールの記録を残そうとしません。外資系に勤めている中国人はそれなりの職業トレーニングを受けていますので違いますが、多くの中国人は、このようなトレーニングを受けておらず、プロ意識も薄いのです。

そのため、前にも書きましたが、**中国企業とビジネスする際には、意識的にメールを残すことが必須です。**電話が終わった後、ただちに電話内容のポイントをメールにして、先方に送りましょう。もめたとき、これらがすべて有力な武器となります。

実際に私は、中国人と「言った」「言わない」で、よく苦労していましたので、意識的にこのようなビジネスマナーを身に付けていました。実際にもめたとき、この習慣がいかに自分を救ってくれたのか、今ではよく分かります。

私は、いくつかの費用関連のやり取りのメールを証拠として雲麗社に送り、「もし支払っていただけない場合、こちらは法的対策をいたします」と礼儀正しく書きました。

すぐに連絡がありました。

態度がすごく柔らかくなり、「検討しますから、少しお待ちください」と言われました。「いつまでに返事をくれますか」と聞くと、「1週間以内に、必ず」との答えです。

私は電話の後で、すばやく「さきほどのお電話で、支払い問題について、1週間後（○年○月○日○曜日北京時間18時まで）にご返事いただけるという話をいただきました」といった内容のメールを送りました。「少しでも気を緩めたらやられてしまう」という緊張感と恐怖感がありましたので、私はあらゆる場面で戦闘モードでした。

雲麗社は、このような強引な契約解除と不払い問題で国際裁判を起こしてしまうと、企業イメージに大きなダメージを与えてしまうと考えたのでしょう。特に、契約書で裁判地を香港と記していたのが効いたようです。

彼ら自身も分かっているように、契約の解除にはかなり無理があります。雲麗社は、最終的には作業費全額を支払ってくれました。

そして私が言わなければならないのは、雲麗社の中には、とてもまともな中国人もかなりいたということです。ギアと一緒にプロジェクトを推進してきた中国人たちは、我々の仕事ぶりやギアの態度などを全部見てきましたので、このような理不尽な処理方法に賛同できず、契約解除や作業費の支払い部分において、裏で多くの協力をしてくれていたのです。だからこそ我々は、最終的に安全な着地ができました。

これは当時の私にとって、本当に救いでした。この国には、まともな人々も大勢いるのです。

人を見る目を養うための最強の練習場

中国人でありながら私は、この国に対して複雑な感情を抱いています。それは愛情でもあり、マイナスな感情でもあります。

「契約」と「信用」。これらのものをベースとしない場合、中国でどのように動けばビジネスを成功させることができるのでしょうか。

私にとって今でも未解決の謎ですが、ひとつの答えは「人間関係」にあると考えます。

日本の場合、会社単位で動くときは、相手がよっぽどの重要人物でない限り、人間関係でビジネスの基本ルールは変わりません。取引先に友人がいても契約内容が変わらないのは、日本人にとって当たり前でしょう。

しかし中国の場合、交渉の相手やビジネスの相手によっては、契約の一貫性すら保てません。

あらゆる場面において、出会った人間と全人格的に付き合わなければなりません。そのためには、一人一人の人間の属性を把握しなければなりません。いろいろな意味で神経を使い、ストレスがたまりやすいのです。

「中国はコネ社会だ」ということには同意します。ただ、このコネはかなり複雑な構造をしています。自称コネがある人間たちには、詐欺師のような人物も山ほど紛《まぎ》れています。**中国ビジネスは、人を見る目を養うための最強の練習場なのかもしれません。**

中国企業との度重なる「離婚劇」を経て、私は中国人でありながら、だんだん自分が性格的にも体質的にも中国企業に合わないと思うようになりました。このドラマチックすぎる相手とつき合っていくには、相当な適応力や柔軟性などの能力が必要なのです。

並ばない中国人の群れ

２０１０年４月、上海万博のテストランニングが行われ、私は見学に行きました。テストランニングでは、混乱したシーンが続出しました。

４月の上海は、まだ少しひんやりした天気でした。浦東と浦西《プーシー》という２つの巨大エリアに分けられた会場は巨大すぎて、１日で全部見終えるのは不可能でした。

最も注目されていたのは、中国館でした。しかし、開場してから１時間も経たずに、中国館の予約システムは完全に作動しなくなりました。

私が恐怖を感じたのは、中国人がまったく並ばないということです。中国館予約システムの前には、平気で割り込んでくる中国人ばかりでした。中国人はみな並ばず、ひたすら中国館の外で争い、無理やり中に入ろうとしていました。あげくのはてに武装警官まで出てきて、争っている人々を整理していました。

おそらくまともな運営マニュアルがなかったのでしょう。会場スタッフやボランティア、警察はみな、どのようにこの大量の人の群れを整理すべきなのかまったく分かっていなかったし、現場を仕切るリーダーらしい人物もいませんでした。

運営は、とても混乱していました。

予約券をもらっているのに予定時間に中国館館内に入れない来場者は、中国館の外でどんどん溜まっていきました。

やがてデモのような光景が展開しはじめました。入ろうとする来場者と、交通整理できない警察とスタッフが対立しはじめ、待たされた来場者は、苛立ちをスタッフと警察に向けていました。

双方が戦争のように喧嘩しはじめる中、多くの人が争って中国館の中に入ろうとしていました。私もそのとき、友達と一緒に来場者の人混みの中にいました。私たちは、人混みからなかなか脱出できない状態でした。後ろの人に背中を押されるため、ひたすら前に行くしかありませんでした。

中国館の外側には鉄製の柵がありました。怒り、苛立つ人々が、どんどんエスカレートして、前の人を必死に押して中に入ろうとしていました。鉄製の柵が倒れそうになっています。そうなると大量の人が柵ごと下敷きになるでしょう。しかし後ろの人々は、柵が倒れようが人を踏もうが中に入ろうという勢いでした。もし本当に倒れてしまったら、大惨事になっていたと思います。

私もその柵の下で転びそうになりました。友達が私の腕を必死に引っ張り、懸命に人の群れから離してくれました。

脱出できたときには、すでに汗でビショビショになってしまいました。振り返って見ると、人混みはまだ大混乱していました。脱力状態となった私たちは、あきらめて会場から離れました。

起きなかった破綻

中国人はあらゆる場面で並ばないので、会場のあちこちで割り込み、喧嘩、混乱が見られました。システムもあちこちで故障していました。ゴミも散乱しており、恐ろしい風景でした。しかもテストランニングの来場者数はわずか4万〜5万人レベルで、予測される毎日の来場者数の1割にすぎません。正式に開場したらいったいどうなるのでしょうか。運営スタッフやボランティアもまったく訓練されていない感じでした。

これまで日本の専門家は、あらゆる部分、特に運営部分についてアドバイスし、提案してきました。私自身もたくさんそのような会議に参加しましたが、中国人はなぜそのような貴重なアドバイスを採用しないのかなと不思議に思いました。本来は、それらのノウハウを使って、より素晴らしい運営や開催を行うべきなのに、なぜ同じミスを繰り返すのだろうとも思いました。

私たちが心配したのは、正式開場後、運営も警察や軍隊に任すのかということです。このような国際的なイベントで、テーマパークのような場所で、警察と軍隊に運営してもらう様子を、世界の目にさらすつもりなのでしょうか。

日本企業のアドバイスは無視し、アイデアのうわべだけを盗んだパビリオンを無理なスケジュールや予算で建て、あげく現場は大混乱……。これでは上海万博は大失敗に終わるのではないでしょうか。

しかし、周知の通り、その予測は外れました。これも中国の奥深いところです。

気になった私は、正式開場後も、何度も上海万博に足を運びました。驚くべきことに、４月の混乱は改善され、運営もとても良くなっていました。何より驚いたのは、あんなに並ばない中国人の多くが、待ち時間8～9時間の人気パビリオンですらきちんと並ぶようになったことです。改めて中国政府のパワーを実感しました。

上海万博は、最終的には大成功に終わりました。中国政府が目指していた博覧会史上№１の万博になりました。万博史上最大の来場者数、最大の出展国（組織）数、安全性を確保しながらの黒字経営で、１８４日間の運営を完了しました。

２０１０年10月、最後に入場した日、私は両親と一緒に会場にいました。

感無量でした。２００５年から上海万博に関わり、数えきれないほど上海へ出張に行き、上海万博行政組織や企業の多くの人々と接してきました。もちろん、その中で、数多くの人々に助けてもらい、仕事をやってきましたが、上海万博作業は、私の中で成功したと言えません。いろいろと交渉し、日本企業と中国企業の間に挟まれ苦労してきましたが、最終的に一番インパクトのある記憶は、苦しい契約交渉やしつこい請求作業でした。

2005年、私の見ていた夢は、日本人と中国人のスタッフが一緒に上海万博の会場で成功を味わうという素敵な場面でした。

この夢は、いつの間にか消えてしまい、私は単に一来場者として、万博の会場に立っています。そして、一方で日本国籍を取得したところです。

最後に上海万博会場を訪ねたこのとき、心の中で「さらば、上海万博」と呟《つぶや》いていました。「中国ビジネスは難しい」という記憶だけが、今でも私の中に強く残っています。

第9章　さらばチャイニーズ・ドリーム

万博の後も茶番劇

上海万博当時、日本国内では「万博以降に中国経済が崩壊する」という説が流行していました。

でも実際は、万博以降も中国経済は依然として絶好調で、経済減速の兆しは感じられません。これによって、消費市場としての中国イメージもより強化され、日本の宅配便などのサービス業務も上海に進出しはじめました。

中国経済は崩壊するどころか、ますます発展を加速しているという感じでした。上海のあるテレビショッピングチャンネルで、一晩でＢＭＷを40台近く販売するという、伝説的な話もありました。

私も上海万博の後、依然として中国ビジネスに全力を尽くしました。上海万博業務であれほど苦労したにもかかわらず、私の中国ビジネスへの情熱は衰えませんでした。当時の私は、中国市場はまだまだ魅力的な市場だと信じ込んでいたのです。

振り返ってみると、いったいどんな魔法にかかっていたのか、自分でも理解に苦しみます。ただ中国全土が熱気にあふれていたのは確かでした。

栄速社は、スマートフォンのブームに乗って、中国のＩＴ企業と提携し、合弁会社を作ろうとしていました。

しかし、これは茶番劇のようなものでした。

個人的な欲望でビジネス開始

茶番になったのは、日本側にも問題がありました。まったく具体的なビジョンや目標がなく、単に中国でのブームに乗りたくて、無謀にもビジネスをスタートさせたのです。さらに日本側のスタッフの中には、中国市場でとにかく実績を作り、社内での昇進を狙いたいという志の低い人もいました。

一方、中国側でも、日本側の資金をうまく引き出して、中国企業の社内で実績を作ろうとする人がいました。このような双方の個人的な欲望が絡みながら、この中国新規ビジネス茶番劇が始まったのでした。

海外でビジネスをはじめる際は、まず担当する自分自身が明確なビジョンと強い意志を持つべきです。社内での出世で頭がいっぱいの人間は、あらゆる海外市場、いや、あらゆるビジネスに関わらないほうがいいでしょう。

日本国内の場合なら、既成のレールに乗っておけば、何とかビジネスが成り立つこともありますが、海外の場合は、すべてが未知数です。このような人間に海外ビジネスを任せてしまったら、どこに成功する余地があるでしょうか。

こうして、新規ビジネスのビジョンとビジネスモデルがまったくない状態で、中国側との会議がスタートしました。

そして中国側は、日本側にこのような個人的欲望を抱えている人がいることに気付きました。卑しい人間には、おそらく自分と同類の臭いが簡単に分かるのでしょう。中国側の幹部にも、前述したような「とにかく海外企業から資金を引き出して出世しよう」という発想が生まれたようです。

また、合弁企業を設立することで、自分の親戚や友人などをその会社に入れたいという欲望もありました。外資系ならば高い給料がもらえるからです。

このような欲望が入り込んだことにより、提携交渉はひたすら迷走状態となります。

エンタテインメント産業の夢

これは、私がこれまで見てきた中で最大のビジネス茶番劇でした。

私は「日本企業が中国を含め海外で事業を展開するとき、どのような人材を配置するべきか」ということについてよく考えるようになりました。日本企業は**「人を見る目」**を究めるべきだということも、あらゆる場面で痛感しました。この「人を見る目」において重視すべきは、むしろ日本人人材の配置のほうです。

そもそも個人的な欲望から出発した提携話ですので、無論まともなビジネスプランは構築できません。中国側も単にお金を引っ張り出したいという思いですから、日本側に言われたすべてのことについて、「没問題（問題がない）」と答えました。

毎回何日間も会議室にこもって、何をやりましょうかという「自分探し」に近い状態のミーティングを続けていました。時間の無駄としか思えない迷走の末、「映画館システムを構築しよう」という夢のような話に到着してしまいました。

この話の前提には、中国は発展しているから、これから人々のエンタテインメントの需要も高まるだろうという推測があります。この推測は、もちろん間違っていません。中国では映画興行実績が年々上昇し、２０１３年時点ですでに興行収入で日本を超えています。

ただ、エンタテインメントという領域は、世界中でほぼ同じゲームの原理、つまり利権によって動いています。

中国における映画市場の急拡大は、国策としてのバックアップがあるからこそです。これはすべての先進国が歩む発展の道です。経済がある程度発展すると、国はカルチャーへ力を入れ始めます。アメリカも経済大国になりつつあったとき、商品とともに、アメリカンカルチャーを世界中に進出させました。韓国の動きもまったく一緒です。韓国政府は、全面的に企業をバックアップし、韓国のドラマや映画、音楽などのポップカルチャーを使いながら、韓国の商品を広めています。特に中国市場においては、韓国は日本よりはるかに賢いです。韓国のドラマにはまっている若者は、自然に韓国の商品にも親近感を抱くようになりました。

エンタテインメント領域への外資系の参入は、かなりシビアです。うまくやらないと、コンテンツと資金だけ取られて、赤字を作るだけで撤退することになってしまいます。

妄想で続くビジネスゲーム

栄速社が参入しようとしていたエンタテインメント市場は、いわゆる映画市場です。栄速社側の中国人の社員は、私を含め4名いましたが、4人とも最初からこの無謀な「ビジネスゲーム」に反対していました。私たちは、外資系企業の映画市場への参入の難しさを、肌で分かっていたためです。

しかし、日本側にも中国側にも、それぞれの欲望を抱く人々がいましたので、彼らは反対に耳を傾けず、ひたすら「合弁会社」という箱を作ろうとしていました。

社内に報告する場合でも、反対意見をレポートに盛り込むことなく、ひたすらキラキラした中国エンタテインメント市場という話が作られました。私はそのとき、**「日本にも中国にも事実を粉飾する人がいるんだな」**と思いました。

合弁会社の経営をシミュレーションするために、上海をはじめとする中国沿岸部の都市を視察しました。沿岸部は裕福なエリアと見なされています。主な視察内容は、現地の映画館の数と人口、消費状況でした。

溢れるほどの幽霊ビル

なるほど、訪れたあらゆる都市が発展で活気づいており、圧倒されるほどでした。確かにそれらの都市にはとても立派なマンションやホール、映画館などがいっぱい作られていましたが、その実態は見えてきません。

各都市には、幽霊ビルがいっぱいありました。

いわゆる幽霊ビルとは、建てられて3～4年も経っているのにもかかわらず、そこに誰も住んでいないビルのことを指します。周りの住民に聞いてみると、その背景はまちまちです。都市の繁華街のビルはすでに全部売り出し中のようでしたが、誰も住んでいないようなものもあれば、何のために作られたのか分からないビルもあります。

中国では、マンションの内装工事をしないままで販売していますので、これらの幽霊ビルに入ると怖い感じがします。建物は本当に外側の箱だけで、窓も黒い空洞のようでした。この状態で3~4年も経つと、新築なのか、取り壊し中のビルなのか、まったく分からなくなります。これらのマンションをいったい誰が買っているのか、あるいは、本当に売っているのか、疑問に感じてしまいます。

各都市には立派な映画館やホールもありました。それらの映画館やホールは十分に使われておらず、置物のように都市の真ん中に置かれているものがほとんどでした。莫大な費用がかけられたようですが、いったい何のために作ったのかは分からないままです。

一部の都市に、このような巨大ホールは1つだけではなく、2つも3つもありました。でも使われている気配がありません。人気《ひとけ》のないホールに入ると、夏の終わりなのに、寒気を感じてしまいました。

これらの謎の幽霊ビルと巨大ホールが、私の沿岸部都市の記憶になってしまいました。しかし、タクシーの中から提携先のＩＴ企業に電話をかけて、このような状況を説明すると、向こうはまた延々と「中国は発展している。我々と組めば、中国で大成功できる」といったような一般的な話をしてきました。

そのとき、私は強烈な吐き気に襲われました。無理矢理に車を止めてもらい、道端で戻しました。

しかし意外なことに、私はむしろ爽快感を感じました。心の中のいろいろな複雑な気持ちも吐き出せたのでしょうか。

眩《まぶ》しい夕日を見ていると、疲れや喪失感、無力感も湧いてきました。

残暑が続くあの日、中国で映画館システムを作るという夢のような話は、私の心の中から消え去りました。

孤独な「海亀派」

上海の夏は、いつも蒸し暑く、苦しい記憶だけが残っています。大学生のころと違って、このような夏の季節を心から楽しめなくなりました。

上海という、海外企業にとって最も進出しやすい中国エリアでビジネスをスタートしたはずなのに、残っているのは苦い記憶ばかりです。

中国市場への情熱も失われ、私は一刻も早く東京に戻りたくて仕方がありませんでした。中国の各都市を回って疲れ果てた私は、ホテルに戻ると、部屋でテレビをつけっぱなしにして、ボーッとしていました。そのまま夕方を迎えると、何故か寂しい気持ちで胸がいっぱいになって仕方がありませんでした。

「ここは、私の祖国だ。でも私は、東京に戻りたい。疲れたな……」

上海の友人に電話をかけると、「ちょうど夜に帰国組の人々の集まりがあるから来ないか」と言われました。訳の分からない寂しさから逃れるため、私は外灘《ワイタン》（バンド）のバーに行きました。

バンドは、上海で最も代表的なエリアです。植民地時代を象徴するような欧米式の古い建築がずらりと並び、その一方、黄浦江《こうほこう》の対岸には、近未来都市を象徴している浦東開発エリアの建物が並びます。この対照的な風景は、上海という都市の歴史を物語っています。

その日に集まった人々は、いわゆる「海亀派」です。これらの人々は、海外の文化や教育を受け、中国に戻ってビジネスをしていますが、心のどこかに真の中国になじめない部分があり、常に同類と集まり、お酒を飲んで、海外生活時代の空気を作ろうとしています。

「この空気は何なんだろう」と私は考えてみます。たぶん、「自由」と「フェア」の空気じゃないかと思います。その空気には、似たようなカルチャーを持つ者同士で、自由に自分の思いを語れる安心感もあります。

結局、稼ぎ方なんて分からない

当時の活発な集まりのひとつに「Ｓｍａｌｌ　Ｈｅａｖｅｎ」というものがありました。格好いいネーミングの会ですが、その内実は、単なる海亀派や欧米人、台湾人、香港人の集まりです。私も参加したことがありますが、普通のパーティにすぎません。言ってしまえば、単に海外の空気が恋しくて仕方がない人々が上海に作った模擬海外生活の場です。

でも、ある日から突然中国の警察に目をつけられてしまい、集まるときに暗号のような方法で集まる場所と時間を知らせ合うようになりました。なぜ目をつけられたのか理由を聞くと、「外国人や台湾人、海外からの帰国者が多いためらしい」という答えが返ってきました。さすが中国の監視システムです。メンバーの推測ですが、メールや携帯のショートメールがチェックされ、目をつけられてしまったようです。

その日のパーティには「Ｓｍａｌｌ　Ｈｅａｖｅｎ」のメンバーも多かったので、みな「公安が入ってきたら、外国のパスポートを持っているやつが対応しようね」と冗談を言っていました。なぜなら外国のパスポートを持つ人間はその国の領事館や大使館に守られますが、そうでない人間はすぐ拘束されてしまうからです。私は尋ねました。

「でも、私たちは単にお酒を飲んでいるだけだよね。ここには何か変なことをしている人がいるの?」

誰かが答えてくれました。

「分かっていないね。何もなくても、怪しいと思われたら、拘束されてしまうんだよ。ここにいるのは海外留学をした人間ばかりだから、思想みたいなもので集まっていると思われているのかも。実のところ、誰もそこまで深く考えていないよね。単に仲間でお酒を飲みたいだけだよね」

これを聞いて、みんな楽しく笑い出しました。

1990年代に大学生活を過ごした私たちは、そもそも民主化運動などに興味をもっていません。それは今でも変わっていません。「私たちは、単に自由奔放に生きたくて、海外に行っただけだ」と思いました。上海に戻っても、楽しくお酒を飲んでいる私たちは、昔と変わらず、そんなに深く考えていません。

誰かが突然ビジネスの話を持ち出しました。

「中国で稼いでいるやつって、いったいどんな人たちだろう」

しばらくの沈黙の後、また元通りのガヤガヤです。全員がこの質問を無視しました。

みんな疲れてしまった

その日の夜、私は黄浦江の対岸の近未来都市の風景を見ながら、お酒をしたたか飲んでいました。

親友のミーちゃんに「なんかすごく疲れたな。中国ビジネスは難しい」と呟《つぶや》きました。ミーちゃんは、「もう日本人と結婚して、中国に戻らないほうがいいよ」とクールに言いました。そして、「私もできれば、もう一度中国から出たいよ」と付け加えました。ミーちゃんは、年に2~3回海外に行きます。ずっと中国にいると、苦しくなるのだそうです。

「オレは家族をカナダに戻したよ。中国でビジネスするのは難しい。すべて暗黙のルールに従ってやらないと、勝ち目がない」

カナダのパスポートを持つトムが寄ってきて、こう言います。

「疲れたな」

私たちがみなそう思っていました。疲労の理由は、いったい何でしょうか？　自分に何度問いかけても、正確な答えが出てきません。

確かにこの国は、15年前や10年前と比べると、だいぶ変わってきました。上海を見るだけでも、激変が感じ取れます。モダンなビルがたくさん建てられ、ブランドショップで溢れる高級デパート、日々豊かになっていく人々の生活……。この国が変わっていなければ、これらのものを目にすることもできなかったかもしれません。

しかし、何も変わっていないようにも見えます。それは、この国の奥底です。

私たちのような人間は、一度中国のシステムから離れ、海外に行き、外の空気を吸ってきました。中国に戻るとそのシステムにもう一度慣れようとするのですが、どこかで心理的、身体的に不調が出てくるのかもしれません。

もう私たちは、キラキラしたチャイニーズ・ドリームを、見ることができなくなっていたのです。

第10章　何が中国の真実なのか？

まだあった深淵

２０１１年９月以降、しばらくの間、私は中国ビジネスから遠ざかっていました。しかしその年末に再度中国ビジネスに触れたとき、私は、より大きな衝撃を受けることになりました。とても有名な中国企業の仕事です。

その社長も中国ではとても有名で、最も旬な企業家です。この人は、数えきれないほど中国メディアに取り上げられていて、国民的企業家といえます。中国政府からたくさん表彰されています。様々な理由で、私はこの人の本名を明かすことができません。ここでは桂と呼んでおきます。

最初に話を受けたとき、また中国企業かと思いました。中国企業に対する苦い記憶が、３ヵ月ぐらいでは自分の体内から抜けていなかったのです。ただ、相手は有名な中国企業でしたから、そんな私でも少し心が動きました。

中国のいろいろなメディアが桂を取り上げていました。人格者で知られる彼の成功物語はまさに「チャイニーズ・ドリーム」であり、彼自身も中国の多くの若者の支持を集めていました。これなら、今度こそまともなビジネスができるのではと思ったのです。

２０１１年の年末、この企業家・桂と会ったとき、まさかこれが悪夢の始まりだとは思いませんでした。初対面の桂は、私たちに良い印象を与えました。

しかし、正式に仕事をスタートすると、彼はなかなか契約を締結してくれませんでした。また中国企業の病気かなと思いましたが、やむを得ず何度も交渉し、やっとのことで契約を締結できました。

しかし契約締結した中国出張から帰ると、この企業家・桂本人から直接、私に頻繁に電話がかかってくるようになりました。

最初は、ごく普通の業務の用件です。なぜ部下に電話させないのかと疑問を感じながらも、丁寧に対応しました。しかしその後、桂は電話の中で露骨に「オレのガールフレンドになってくれないか」と言いはじめました。有名な企業家ですので、さすがに変なことはできないだろうと思い、あまりこのような言葉を気にせず、再び中国へ出張しました。

ガールフレンドになってくれ！

桂の会社を訪れると、ひたすら会議をするばかりでした。そして桂は私に対し、露骨に「ガールフレンド」に関する話を何度も持ち出してきました。

ある日、桂は急に私を会議室に呼び出しました。それまでの桂の言動を見て、私はすでに警戒していました。会議室に入ったとたんに桂は、すぐ会議室のカギをかけ、ニヤニヤして私に近づいてきて、いきなり抱きしめ、キスしようとしました。

私は必死に抵抗し、会議室の中を走り回りました。あまりにも強い恐怖や混乱で、声も出せなくなりました。

ひたすら逃げ回るばかりでした。しばらくして、たぶん3〜4分間くらい後でしょうか、やっと声が出るようになった私は、大声で「もし近づいたら、人を呼びます！」と叫んでいました。

慌てた桂は、私に「シー」と合図して、「もうやめるから、叫ぶな」「このことは絶対人に言わないで」と言いました。その醜い顔と姿は、私の頭に焼き付きました。強い嫌悪感を覚えた私は、会議室の中でひたすら震えていました。

その日以来、私は、なるべく桂から遠く離れるようにしました。会議で通訳をするときも、なるべく遠い場所に座りました。桂は、私の告げ口を懸念したようで、しばらくは私の機嫌を取っていました。

「お金があれば何でもできる」

ところが、しばらくすると、私が何も言わないだろうと安心したのか、再び私にガールフレンドの話を言い出してきました。しかも、さらに露骨に、次々と誘惑の言葉を発していました。

「ガールフレンドになってくれたら、キミの家族は、これから幸せになるよ」

「ガールフレンドになってくれたら、キミの会社はもっと大きな業務ができるよ」

「この国ではお金があれば何でもできるんだ」

当時の桂は、ビジネス分野を転換しようとしており、薬品関連のビジネス業務に手を伸ばしはじめていました。彼の知名度によって、桂の周辺には様々な業者が集まっていました。みな、彼の名前を利用して、薬品事業で儲けようと考える連中ばかりでした。彼らは、様々な安っぽい無名の製薬会社を連れてきて、桂の名前でパッケージをリニューアルし、市場で売り出そうとしていました。これらの薬の品質はどうなっているのか、まったく分かりません。

桂のオフィスは、欲望とお金のにおいで満ちていました。寄ってくるのはハイエナのような人物ばかりでした。貪欲《どんよく》な目つきで桂の周りをうろうろし、欲望の悪臭を放つ彼らは、ビジネスの基本的な道徳をまったく持たず、儲けることしか考えていません。薬の安全や人々の健康など、一切考えていません。

ある日の夜、桂は、中国国家食品薬品監督管理局の幹部を迎えていました。まだ私を誘惑しようとしていた桂は、私に向かって自慢気に、その幹部の後ろ姿を指しながら、小声で話しました。

「あいつに50万元（約750万円）を渡している。だから彼は、オレたちの薬について、許可を出さないわけがない」

薄闇の中で、桂は野獣のような目つきで、再び「この国ではお金があれば何でもできるんだ」と付け加えました。

私は中国の様々な姿を見てきたつもりですが、これには心の底からびっくりしました。薬の安全という重要な問題ですら、お金（賄賂）で見逃してもらうことができるのです。これこそが、中国の本当の姿なのでしょうか？

あの粉ミルク事件があったにもかかわらず、薬や食品の安全は、根本的にまったく改善されていないのではないでしょうか？　**この国は、いったいどこに向かっているのでしょうか？いや、私は、まだまだこの国の奥底を見ていません。**

本当のことは言えない

私は思い出しました。ＣＣＴＶのある有名なニュースキャスターと親交がある友人から聞いた話です。このニュースキャスターがみなと一緒に飲んでいたとき、酔っ払って泣き出したのです。

「本当のことを言えないんだよ。本当につらい。自分はニュース報道者なのに、事実を隠蔽《いんぺい》したり、曲げたりして伝えなければならない。『ＣＣＴＶに事実を報道してもらえば、自分たちがいつか救われる』と思っている中国の地方の人々が山ほどいる。我々のところに様々な問題を訴える手紙が毎日たくさん届けられているんだ」

このニュースキャスターは、中国でもよく知られている「良心的キャスター」です。彼の熱意と真心に満ちた報道は、中国で多くの民衆に支持されており、その名声でとっくにＣＣＴＶで管理層もしくは経営層になれる立場ですが、彼はいまだに一キャスターを貫いています。彼は、「私はこの平《ひら》の立場にいるからこそ、少しでも事実を伝えることができるのだ」と周りの友人たちに言っています。

彼は私なんかよりもっとディープな中国を見ているのでしょう。私の知らない中国は、まだまだたくさんあるようです。

成金ピエロ

私の気を引くために、桂は自分の豪邸を見せたこともあります。5階建ての高級住宅で、地下にも贅沢《ぜいたく》なキッチンとシネマルーム、カラオケルーム、ワインルーム、バー、プライベートトレーニングルームなどが揃っています。メイドや警備員の住む部屋すら高級感に溢れており、贅沢そのものです。大きな庭もあって、警備員が4～5人常駐していました。いわゆる成金の姿そのものです。しかも桂は、このような豪邸だけでも20軒持っていると豪語していました。桂はこれで私を征服できたかのようでした。**権力や金銭の欲望で充満した顔は、ピエロのようにさえ見えました。**

これらのものを見せた後、またしても桂は自信満々に私を口説きはじめました。

私はひたすら拒否しました。

「キミは本当に馬鹿だね。オレについてきたら、キミは、これから働かなくていいのに」

自分の思う通りにできなかった桂は、吐き捨てるように言いました。私は彼の太った姿とその冴えない外見を見て、吐き気を覚えるばかりでした。

このような人が、中国で有名人として祭り上げられている。連日のようにメディアでほめたたえられ、政府の重要な会議にも堂々と参加している。代表的な企業家として、全国で多くの若者のアイドルになっている。しかしこの人間の実態を知っている人は、いったい何人いるのでしょうか。桂のような人物の誕生は、中国の独特な環境と、不安と欲望に満ち溢れた世間の空気によるものでしょうか？

私が固く拒否し続けたため、いよいよ桂は本性をむき出しにしました。彼は栄速社との契約を破棄し、作業費用を払わないと言い出しました。すでに中国企業のこのような手口には慣れていましたが、改めてびっくりしたのは、桂が脅迫めいた手段を取ってきたことです。

「もし、キミが日本人をうまく説得してくれなかったら、キミとキミの家族は身の安全を心配したほうがいい」

これはもはやヤクザです。幸い、桂のスタッフには良心のある中国人もいます。彼らの助けで、私は無事にこの件をくぐり抜けることができました。

２０１２年の真冬。東京行きの飛行機の中、まだ離陸していないのに、私は、ひたすら涙を流していました。

「本当に、この国が好きだった。私の祖国」

でも、私の中国ビジネスへの情熱は、これで決定的に冷え切ってしまいました。中国ビジネスに触れるのはやめよう、そうすればフェアと自由の空気の中で生きられる。そんな自分は、とても幸せだと思いました。

次に私が桂の姿を見たのは、２０１３年、新年の中国テレビ局の番組の中でした。彼は依然として中国の著名人として登場し、顔をテカテカさせ、自分の成功史を語っていました。中国では、このような人でもヒーローになれるのです。お金さえあれば、黒でも白として認めてもらえます。

ある意味彼は、欲望、野心、貪欲、アンフェアな空気に満ち溢れた今の中国そのものを象徴しているのかもしれません。

未練はあるか？

私は、中国のいろいろな側面を見てきました。奥深い部分は見られなかったかもしれません。それでも、様々な体験が痛いほど私の体と心に刻みこまれ、その結果、この市場へ挑戦する意欲がなくなりました。

今までの私は、自分の国籍にこだわりすぎており、中国ビジネスにこだわりすぎていました。そのために傷つき、自分の中のクリーンな部分を捨てなければならないのかと悩みました。でも同時に、中国市場での体験があったからこそ、私は真のグローバルビジネスパーソンになっていこうと心に決めるようになりました。

今では、私はこの体験に感謝しています。このような体験によって、私は、フェアという言葉の大切さを痛いほど感じるようになりました。

「ならば、活気に溢れた中国市場に戻りたいですか」

こう聞かれれば、私の答えは歯切れが悪くなります。

「もしかすると、また戻りたくなるかもしれない」

一度、そこで活気とパワーを体験した人は、その市場に未練を残してしまいます。私も同じです。でも、しばらくの間、私は心を静めながら、今までのすべての記憶を振り返りつつ、第三者としてこの市場を冷静に見ていきたいです。ここで体験した様々な試練は、私を一歩前進させるものとなると信じています。

いつか私は、また戻るかもしれません。そのときの私は、きっとより良い勝負の方法を身につけて、その活気のある波に楽しく乗っていくと思います。

いつか、いつかきっと……。

終章　ならばどう中国市場と付き合うべきか

中国を捨てられますか？

２０１３年元旦、中国ＣＣＴＶの新年番組で、中国国民に対して調査した結果、２０１２年の流行語が発表されました。その中で、２つの言葉が面白いと思いました。「你幸福吗（あなたは幸せですか）」と「中国梦（チャイニーズ・ドリーム）」です。

これは、今の中国の人々の心理状態を表していると思います。あなたはこれまで「チャイニーズ・ドリーム」を追いかけてきましたが、それで幸せを感じたのでしょうか？　という心理です。経済は確実に豊かになっていますが、「幸せ」の実感も同じように増加していますか？　多くの中国の人々が、このような問題を自分に問いかけています。

この国はきっと、その中身も含めて、密かに変わりつつある。いや、変わってほしいと私は願っています。

一方、日本では、中国市場に対して、大きく2つの捉え方があります。

一つは、中国崩壊論です。現在、書店はこのような視点の本で満ち溢れています。尖閣問題以降は特に数多く出回り、「日本は中国に依存していない」、もしくは「日本は中国に依存する必要がない」という論調が主流です。

中国崩壊論の出口として、東南アジアやブラジルなどの新興市場論が盛んです。もしくは、日本市場内需拡大論も出ています。つまり、中国崩壊論の根底には、「中国を見捨てて、東南アジアやブラジルに行こうぜ」、あるいは「中国なんか要らない、日本国内で自給自足しようよ」という観点が見えます。

もう一つは、中国ビジネスを支持する視点です。ここでは中国の市場の大きさや人口ボリューム、発展スピードを強調しており、人口の縮小とともに市場の活気がなくなっていく日本にとって最も近い市場なので、リスクを把握しつつも根気強く戦いましょうという論点です。

どちらの論理も一理ありますし、どちらも正当なデータや論拠をもって語っています。

しかし、本当に13億人の巨大マーケットを捨てられるのでしょうか？　私は、リチャード・マグレガーの『中国共産党　支配者たちの秘密の世界』に書かれたこのような言葉に共感しています。

「欧米では長年、多くの中国崩壊論が語られ、中国の崩壊によって世界情勢が不安定化するかのように論じられてきたが、これは的外れな議論である。正しくは、中国の崩壊によって、また成功によっても、世界は不安定化すると言わなければならない。中国ほどの規模の国がこれほど急速に成長すれば、既存の秩序が揺らぐことは避けられない。中国以外の国は、中国に適応し、中国と競わざるを得なくなる。アジア・シーレーン問題、アフリカにおける油田開発、世界銀行やIMFの新基準の設定、最新の携帯電話の規格など、様々な分野での適応と競争に迫られることとなる。あらゆる国際会議の場で、中国が中心的地位を占めるようになるのは必至である」

中国を捨てられるかどうかという問題は、あまりにも複雑で、私には語りようがありませんが、少なくとも中国を避けて通ることはできません。東南アジア市場でも、中国のホットマネーがどんどん入っています。まさにあらゆる場面で、中国への適応と中国との競争に迫られる時代になりつつあります。

そもそも、中国に出る必要がありますか？

本書では、時間軸に沿って、私の惨澹《さんたん》たる中国ビジネス経験を述べてきました。

その経験を受けて、この終章では「ではどうするのか」、私なりの提案を記しておきたいと思います。

まず、日本企業に対して以下の問いを立ててみました。

まだ中国進出していない企業で、今進出を考えている企業は、そもそもなぜ中国に進出したいのでしょうか？

本当に中国に進出する必要がありますか？

一方、すでに中国進出している企業は、損失を最小限に抑えるために今すぐ中国から撤退できますか？

まだ進出していない企業に対してなら、こう言いたいです。

「中国市場だけではなく、どこの市場においても、本当に自社のビジネスに優位性があるかどうか、自社ビジネスを海外で展開する必要があるかどうかをじっくりと考えてから、海外に出たほうがいいです」

それに対して、多くの企業の言い分はこんなところでしょうか。

「日本市場が縮小する一方、海外の市場は発展している。同業界のほかの企業も出ている。私たちも出る必要があるのだ」

これはあまりに安易な考えです。これでは、中国市場だけではなく、どこの市場に行ってもあまり良い結果は付いてきません。その理由は、私の体験談を読んでいただければ明らかでしょう。

すでに中国市場に進出している企業に対しては、こう言いたいです。

「現実問題として、中国市場はすぐに捨てきれないでしょう」

中国には、ＧＤＰが１ケタ成長になるなど、様々な不安要素とリスクがあったりはしますが、メディアがどんなに騒ごうとも、この巨大市場はいまだに潜在力とパワーを持っています。また、多くの大手日本企業は、すでにこの市場で30年ほど夢を見て頑張ってきましたから、今捨てると、これまでの努力が全部水の泡となります。中国で工場や、流通チャネル（経路）、販売ネットワークを持っている企業にとって、これを今さら捨てるのは経営的に痛いものです。

中国を捨てましょうと語っている人間は、基本的にメディアに踊らされ、無責任に語っているだけの人です。私に言わせれば、このような演説をしている人間は、「まず中国で工場を作り、市場開拓をしてから出直しなさい」という感じです。

とはいえ、中国人の私でも、中国市場に対して楽観的ではありません。いや、むしろ悲観しているかもしれません。個人的体験で言っても、確かに中国市場は巨大で、魅力的で、活気に満ち溢れていますが、中国市場の攻略は難しく、成功事例も少ないため、儲ける方法が分からない状態です。

私は、中国市場進出に関して慎重派です。その延長として、中国だけではなく、すべての海外市場に対して慎重派です。

成否を分ける基準

２０１３年3月、東京で開かれた新興市場に関するセミナーに参加してみました。講演してくれたのは、日本の某大手メーカー出身で、ブラジルに5年近くの駐在経験がある方です。彼は、ブラジル市場へ進出するための留意点について話していました。その話を聞いて、私はとても驚きました。

ブラジル市場が中国市場に似すぎていると思ったからです。ブラジル人は離職率が高く、企業へのロイヤリティが低い。そして、綿密な交渉で臨まないと、すぐ出し抜かれてしまう。彼が勤めていたメーカーは、ブラジルに進出して10年近くになりますが、まだ成功しているとは言えない状態のようです。

日本企業は、すでに中国市場に進出して30年ほど経っています。その結果、真に成功している企業はどのくらい存在するのでしょうか？　もし日本からの駐在員の人件費や海外滞在費用を全部現地支社の収支計算に入れたら、いったい何社が黒字経営で成功しているのでしょうか？　私は、正確なところをとても知りたいです。

ほかの国やエリアでも同じです。駐在員の費用は、本社負担なのか、それとも現地支社の収支システムに入っているのか、これによって、成功を語る指標が異なってくるはずです。

駐在員の費用をすべて本社が持っているにもかかわらず、黒字だと主張している企業は、本当に中国市場進出に成功していると言えるのでしょうか？　これについて、私は常に疑問を感じています。もちろん、市場開拓の早期段階においては本社の支援が不可欠ですが、10年経っても本社がまだ支援しているなら、戦略を考え直したほうがいいのではないかと思います。

日本人と根本的に異なる中国人をいかにマネジメントしていくかは、すでに大きな課題になっています。そして歴史問題も避けられません。反日的な言動をうまく回避しながら、わがままで自己主張の強い中国人を管理していくのは、確かに至難の業です。また、中国の独特な社会的雰囲気や環境の下で、柔軟に現状に対応し、ビジネスを成功させていくのは、さらに難しくなっています。

これだけは断言できます。日本人だけではなく、誰であっても中国市場で勝つのには、相当な能力とエネルギーが必要です。

周りに流されて失敗する日本企業

中国市場に進出するべきかどうかということについては、よりシンプルに考えるべきです。簡単に言うと、日本国内でビジネスを発展させ、日本国内市場における自社のサービスや商品の需要について十分に見通しがあれば、わざわざ中国に出ていく必要はありません。「中国は巨大市場だ」といくら騒いだところで、実際に美味しい思いをしている企業はごく少数なのですから。

5年後や10年後の日本市場を見て、自社のサービスや商品の市場も縮小していく一方だと予測しているなら、中国だけではなく、ほかの新興市場にも出てみましょう。

とは言え、「中国は怖いけれど、ほかならうまく行きそう」と短絡的に考えた時点で、どこに出ていってもつまずきます。

周りに流されて、安易にブームに乗るのは危険です。たとえば、「東南アジアの人々は中国人より親日的だから、東南アジアに出よう」といった考えで東南アジアに進出するのは馬鹿げています。まず失敗すると断言できます。

冷たく言わせてもらえば、30年も中国市場で頑張っても実りがない企業が、ほかの市場に行ってうまくいくわけがありません。

中国市場には様々な特殊性がありますが、あくまで海外市場のひとつだと考えるべきです。すべて自社のビジネスを前提として、その発展を見通したうえで、中国もしくはほかの海外市場へ進出する必要性を見きわめるべきです。もし自社ビジネスの発展にとって必要ないのなら、中国市場が怖いと思うならなおさら、この市場を永遠に見捨てればいいと思います。実際、日本国内市場が縮小していると言われている今日でも、日本で稼いでいる企業も多く存在するのです。

すべてにおいて自社ビジネスの発展の将来性を軸にすれば、ブレがありません。もしくは、すでに中国市場に進出しており、そこですでに3年、5年、あるいは、10年以上頑張っていて、今までの投資した金額やマンパワー、エネルギー、時間を考えれば、容易には捨てられないと言うならば、もう少し頑張ってみましょう。

尖閣問題をきっかけに中国崩壊論が山ほど出てきた時期、ビジネス誌の中国特集で、ある日本の大手流通企業の社長が「それでも私たちには中国市場が魅力的だ。リスク対策をしながら、中国市場で頑張っていきたい」と、淡々と語っていました。この企業は、実際に中国でうまくビジネスを展開しています。信念のある姿は格好いいですし、道も開けてくるでしょう。

自社のビジネス発展との関係性をじっくりと考査せず、右にならえで中国市場に出ていった企業のほとんどは、すぐに痛い目を見て撤退しています。

また出た「○○を知っている」中国人

私のところに、ある日本のチケットシステム会社が相談にきたことがあります。

２０１０年、この会社は、中国の人口の多さに魅了され、中国の映画館のチケット販売に参入してみようと考えたのです。

当時の中国は、まだ電子チケットが普及していませんでした。偽物や海賊版が横行している中国では、電子チケットも容易に偽造できます。そのため中国企業も、電子チケットの発行に苦慮していました。加えて中国の映画館のチケット販売会社の大半は、中国の大手映画製作会社が直接投資に参加し、関わっていますので、その利権関係も複雑です。電子チケット、特に携帯電話の電子チケットになると、モバイル通信キャリア企業のサポートも必要ですし、通信業界は中国の国家保護産業ですから、キャリアへの手数料もかなり高くなります。システムの構築費用や複雑な利権関係への諸費用、人件費、メンテナンス費用などを冷静に計算してみれば、うまみのあるビジネスにはならないはずです。いや、正確な言い方をすると、儲かる仕組みを作ることはできません。

私は、柔らかい表現でこのような問題点を指摘しましたが、この会社のワンマン社長は耳を貸そうとしませんでした。

この会社は、「人口が多い」「市場が大きい」といったことだけ見て、自社が中国でいったい何をやるべきなのかについては漠然としたイメージしか持たないまま、上海で「海外ビジネス」をスタートさせました。しかもワンマン社長は、すごい人脈を持っている中国人を知っているという思い込みもあって、中国進出に自信満々でした。

その人によると、「すごい人脈を持っている中国人」は上海メディアのトップと親交があるそうです。

ああ、また「誰かを知っている」という話です……。

ワンマン社長はすごいコネクションを持っていると称する中国人が描いた中国映画チケット市場の像が魅力的だと言って、巨額を投資してシステムを作ることに固執しました。そして見事に初年度で大失敗し、中国市場から撤退しました。

失敗した理由として指摘したいのは、中国の映画チケット市場や状況をきちんと調査しなかったことです。そして、仲介者となる怪しい中国人一人の発言をあまりにも重視し、ほかの意見、特にネガティブチェックの意味合いを含めた他者の意見を聞き入れなかったことです。

一言で言えば中国市場について無知すぎました。無知ゆえ、安易に暴走して、壁にぶつかり、多くの資産を失い、無惨に終わりました。

明確なビジョンと調査

「現地化」という言葉は、すべての日本企業が中国進出するときに直面する問題です。この重要な話題に触れる前に、私見を述べたいと思います。**中国市場へ進出するとき、企業にとって最重要な要素が2つあります。「明確なビジョンを持った中国事業プラン」と「適切な人材を配置する能力」です。**

ビジョンがなければ、事業プランを立てられません。すべては、自社のビジネスを軸にして考えていくべきです。そして、それにしたがって、綿密な事前調査を行うべきです。さきほどのチケットシステム企業の事例で言うと、まず中国の映画館のチケット収入に関する利権関係や中国人の映画消費習慣（チケット購入習慣を含む）、電子チケットの発展状況、電子チケットを作る際に関わる中国通信部門への手数料等を詳しく調査すべきでした。

詳しく調査すれば、お金のフローが見えてきますから、儲かるか、儲からないか、一目瞭然になります。そうすれば、一中国人の「中国映画市場が年々拡大していますから、映画のチケットシステムは儲かります」などというインチキに騙されないはずでした。

これは、実は日本企業が中国市場やほかの海外市場へ進出する際によくやる失敗です。日本人は、ブームに乗りやすいという傾向もあります。これは、おそらく安心主義か集団主義によるものです。つまり、何事に対しても、信頼しやすい、洗脳されやすいのです。メディアは、「中国市場がいい」「東南アジア市場がいい」と言っています。もしくは専門家や権威ある人が、中国市場が魅力的だと語っています。そして、周りの企業がどんどん中国やブラジルに進出していくと、なんだか自分たちだけ取り残された感じになってしまいます。

これで、知らないうちに洗脳され、自分もその気になって、自分の会社も中国あるいはほかの海外エリアで展開してみようと思うようになります。そして失敗するのです。

進出しても意味のない業界

たとえば、ほんの少し前、尖閣問題勃発前には、「インターネットビジネスで中国で儲けましょう」と訴える本や情報が大量に出回っていました。２００９〜２０１１年の間、中国のインターネットビジネスをめぐり、中国大陸でうろうろする企業も少なくありませんでした。

しかし実際よく調べてみると、インターネットやモバイル通信事業に関して中国政府は、外資系企業の参入を大きく制限しており、参入は基本的に不可能になっています。これは単純に情報管理や言論統制等の問題だけではなく、事業がスタートしたばかりなためです。新しいビジネス領域において、中国政府は自国企業を守る意識が強いのです。

中国のインターネット業界において、外国の企業は、単独ではインターネットコンテンツプロバイダー（ＩＣＰ）のライセンスを取得することができません。その主な理由は、国が、中国人が外国のウェブサイトから自由に情報を入手することを規制しているためです。そのため、海外からの参入者は共通して、中国でパートナー企業と組みます。たとえば、２〜３年前に中国市場に進出し、人気になっているＧｒｏｕｐｏｎは、中国の大手ネット企業Ｔｅｎｃｅｎｔ（騰訊）と組んでいます。

これだけではなく、中国でインターネット事業を展開するためには、多数のライセンスを取得しなければなりません。どのような事業においてどのライセンスが必要なのかをきちんと判断しなければならないため、追加ライセンスの取得がとても高い参入障壁となります。これは中国政府の意図でもあるでしょう。

そして、前述のように中国では、知的財産権は軽視されていますので、イノベーションと知的財産（IP）に関係する保護制度など、実質的にはほとんど存在しません。インターネットビジネスにおけるビジネスモデルとユーザーインターフェイスに関わる保護制度などはなきに等しい状態です。

そのため、様々なページやアプリから、ソースコードが簡単に盗用・コピーされてしまいます。中国のインターネット市場において、いわゆる「コピー・ツー・チャイナ（C2C）」は、いまだに主要ビジネスモデルです。欧米で成功したサイトやサービスがあると、それらが中国でコピーされ、構築され、ローカライズされるのです。海外企業のビジネスモデルは中国で簡単にコピーされてしまうので、海外企業が中国に進出していくことなど、もはや無意味とも思われます。

中国企業と組んでも捨てられる

また、海外企業が現地企業と合弁事業を行っても、順調にいくケースは多くありません。

なぜなら、彼らは互いに異なる課題や目的を持っているからです。海外企業の主な目的は、ライセンスを取得して中国事業のやり方を学ぶことです。一方、中国のパートナー企業にとっては、必要なスキルを獲得すること、国際的なパートナーから技術を学んでいくことが主な目的となります。中国企業は、ビジネスや技術を学んだ後、海外企業を捨て、独自にやろうとする傾向があります。そのため、ビジネスが軌道に乗る前に合弁解消を要請されるケースが少なくありません。

うまく協力関係が作れても、間もなくこのような目的の相違から、利益をめぐって少しずつもめはじめ、2社間の関係と信頼は弱まっていき、やがて関係が絶たれてしまうのです。その結果、両社の合弁事業は、結婚生活が破綻した夫婦のようなものとなり、合弁事業を解消するのにも、大きなエネルギーと資金が必要となってきます。

ですから、メディアや専門家の言葉を鵜呑《うの》みにせず、冷静に自社の事業と市場を調査し、分析したうえで、海外に出ていきましょう。

安易に海外進出するな

それと同時に、「中国は人口が多いから市場も大きい」という考えも、徹底的に捨てるべきです。確かに13億人の人口を抱え、中間階層と富裕層も年々増加しています。世界中の企業が、この巨大市場をおいしそうだと思い、どんどん参入してきました。

こうして21世紀に入ってからの中国は、すでに競争の激しい「買い手市場」になってしまいました。

したがって、自社サービスに優位性がない限り、この市場への参入は慎重になったほうがいいでしょう。日本の携帯メーカーの中国進出が、最も典型的な例です。２００５年ごろから日系メーカーは、相次いで中国の携帯電話市場からの撤退に追い込まれました。２０１０年時点の日系メーカーのシェアを見ても、合弁のソニー・エリクソンを除き、上位10位以内に1社も入っていません。

日系メーカー惨敗の理由は数多くありますが、中国人の携帯の使用習慣に合わせた機種を生産しなかったこと、販売チャネルの弱さなどが目立ちます。中国や台湾のメーカーは省や市ごとに直営専門店を設けたり、直販したりすることで、流通コストを抑え、地方ごとに異なる市場ニーズに素早く対応しています。ノキアやモトローラといった欧米メーカーもこれに従い、独自に販売チャネルの改革を進め、地方の田舎町への進出も果たしています。一方、日系メーカーは、販売流通チャネルの開拓ができず、中国市場で繰り広げられた価格競争に敗れ、在庫を抱え、撤退してしまいました。

トレンドやブームに影響されることなく、自社の事業をしっかりと考察したうえでの中国市場、ないしほかの新興海外市場への進出なら、私はその勇気に敬意を払い、ぜひ成功してほしいと願います。

ですが、単にメディアや専門家、周りの騒ぎに踊らされ、安易な気持ちで中国もしくはほかの新興市場に出て、失敗してしまった企業に対して、私はあまり温かい目で見ることはできません。

ダメな人材を「飛ばす」ツケ

そして、日本企業が最も鍛えるべき能力は、「人を見る目」です。

これは、本当に中国ビジネスのカギとなっています。先の章でも述べましたが、日本人は、権威とネームバリューに弱く、日本語をあやつる人間を簡単に信頼してしまい、そのためリスク管理意識が薄くなってしまいます。

現地の中国人をどう管理するのか、ということだけではなく、そもそも本社から派遣する日本人のクオリティが良くなければ、根本が悪くなるわけですから、そこから実る果実もいいもののわけがありません。**日本企業の駐在員の選択ミスは、現地中国人マネジメント問題より、何十倍、何百倍も深刻です。**

過激な言い方をすると、かつての大手日本企業の発想では、中国へ「飛ばされる」社員は日本国内本社で使えない人間であり、中国現地支社の機能も、基本的に工場管理や日本の本社から来る人間の接待などの仕事だったのではないでしょうか。

しかし、もはや中国は「世界の工場」から「世界の市場」へ転身しました。製造業だけでなく、流通、サービス、コンテンツなどのソフト面の需要も拡大する一方になります。そこで日本企業は、中国市場戦略の重要性をやっと認識しはじめ、本社の優秀な人間を中国へ送り込むようになりました。大手企業はそれまで、無能な人間を送り込んで、30年ほどにわたって中国市場で損をしてきたわけですから、負の遺産の整理作業だけでも膨大なコストを費やすことになります。

中国での日本企業の不祥事の原因の大半は、駐在させる人材の選択ミスだと言ってもおかしくありません。中国で女性問題を起こしている日本人駐在員は多いです。２００９年、蘇州で起きた日本企業駐在員の中国人ホステス刺殺事件は、中国でも報道されました。この駐在員は２００８年ごろからあるバーで中国人ホステスと知り合い、親しい関係になりました。毎月の生活費まで渡していたようです。ところが女性には別に恋人がおり、事情を知った駐在員はその女性ともめ、最終的に刺殺してしまいました。

確かに異国で言葉が通じないと、人肌の温もりが欲しくなる気持ちは分かりますが、女性問題ぐらいの自己管理もできない人間をそもそも最初から派遣するな、と私は思ってしまいます。

上海にいたとき、ある日本人駐在員から「自分は中国で5人のガールフレンドを持っている」と自慢されたことがあります。この方は日系現地企業の幹部でした。この5人のガールフレンドを維持する費用は会社の経費なのでしょうか。中国、あるいはほかの新興国に行って、女性との遊びに溺れている日本人駐在員が少なくないようですが、このような人間を派遣するセンスはいったい何でしょうか。本当に不思議です。

また、日本ですでに評判が悪く、人間関係がうまくいっていない人を中国に派遣してしまうケースもあります。同胞と付き合えない人が、海外の人とうまく付き合えるわけがありません。中国に行って、中国のアンフェアな空気に汚され、中国人同様にキックバックをもらったり、不正なことを始めたりする駐在員もいます。こういう人は、中国の環境に汚されているのか、そもそも心が汚れているのか分かりませんが、企業にとっては爆弾のようなものです。

上海のある日本企業の駐在員は、外部に別会社を作り、上海のガールフレンドにその会社のオーナーになってもらい、自分の業務権限範囲内でどんどんその会社に仕事を発注していました。会社に発覚した時点で、本人はすでにある程度儲かっており、最終的に会社と話し合って和解し、本人は辞職しました。どのように話し合ったのか分かりませんが、何の処分も受けなかったようです。

このような駐在員たちは、企業にとってガン細胞です。そしてガン細胞が事業のすべてに広がってしまうのです。

正しい人材配置が重要

どのような駐在員を派遣すべきか、中国市場、いや、あらゆる海外市場に進出する際には真剣に考えるべきです。彼らは一つの現地企業を任されるわけですし、しかも戦場は日本国内市場より何十倍も難しい海外市場なのですから。優秀な人材を派遣することは大前提です。彼らは、現地事業の代表であり、日本企業の代表ともなっています。

中国現地社員は駐在員を見て、その会社の本質を判断する部分があります。だからまったくリーダーシップもなく、マネジメント経験もなく、さらに、人間性の低い駐在員を見ると、「この会社にはあまり未来がない」と判断し、辞めてしまいます。結局、人を引き留めるのは、金銭や待遇だけではありません。やはり人が人を引き寄せ、引き留めるのです。

多くの中国ビジネス論では、よく「現地化」という問題が指摘されます。確かに「現地化」問題は、海外市場進出における大変重要な課題です。ただ、**現地化を成功させる第一の条件は、正しい人事配置と人事制度です。事業成功の源は、最終的に「人材」に関わっています。現地の頭脳及び日本の本社との重要なリレーションとなる「駐在員の人選」を間違えれば、「現地化」どころか中国進出は確実に失敗に終わります。**

また、多くの中国ビジネス論には、「現地に決定権を与えましょう」ということがよく指摘されます。この話も、「誰にこの現地会社を任せているのか」ということに深く関わっています。まったくマネジメント経験のない日本人や、日本国内でも優秀ではない日本人に「現地企業の決定権」を与えてしまったら、どんなに恐ろしいことになるのか、想像するだけでもぞっとします。

ある成功例

そして、「現地化」は、「優秀な現地人材を雇い、そのマネジメント権利をどんどん任せていく」ということでもありません。

私の友人の陸さんは、中国で一流大学の清華大学を卒業し、その後オックスフォード大学で博士学位を取って、イギリスの有名な環境コンサルティングの会社に入りました。その会社で5年くらい働いた後、中国支社のＣＥＯとして上海に駐在しました。彼は、その中国ＣＥＯを担当した5年間で、会社の実績を大きく伸ばし、中国の環境問題ブームにも乗って、中国各地の政府や行政機関、企業と契約するなど良好なビジネス関係を築きました。このイギリスの会社は、よくも中国人に5年間もＣＥＯを担当させ、会社を丸ごと彼に任せたものだと思います。

陸さんに成功の要因を聞いてみました。

「会社は、僕を信頼しています。ただ、中国でのビジネスを僕一人に任せているわけではなく、香港支社には、イギリス本社からのイギリス人出向社員がいます。この方はとても優秀で、我々は週に1回以上の電話会議を行って、月に2〜3回くらいのペースで会って、会社経営を検討しています。僕一人なら、とても無理ですよ。やはり限界があるから。ただこの優秀なイギリス人社員の方と僕は相互補完関係になって、互いに助け合っていますね。もし訳のわからないイギリス人が上司で、いちいち指図してこられたら、たまらなかったでしょうね」

これは、とても典型的な成功事例です。派遣された中国人もイギリス人も優秀で、互いに人間的にも優れています。陸さんは、中国人として、中国の慣習や事情、中国人のマインドを知っていて、イギリス本社での実務経験を発揮できています。一方、彼のイギリス人の同僚は、異なる視点で常に客観的に彼の仕事を見ることができ、彼に適切なアドバイスや意見を提供できています。この正しい組み合わせの人選によって、このイギリス企業は、中国進出わずか5年にもかかわらず、中国市場でどんどん伸びています。

しかも、彼らが中国進出した時期は、ちょうど中国の環境問題に対して、中国政府や企業が解決の助けを求めていたときでした。

この適切なタイミング、そして適切な人材配置のおかげで、この会社の中国ビジネスは、順調に発展を続けています。

「現地化」のあるべき姿

これまでの中国ビジネス論では、現地中国人マネジメント論ばかりが語られていますが、なぜ駐在員の人選問題については触れないのか、とても不思議に感じます。理想的な現地支社の人材配置とは、優秀な日本本社駐在員と優秀な現地中国人との組み合わせ以外にありません。すなわち、日本本社から行く経営的頭脳を持つ優秀な日本人と、現地でフロントラインに立って柔軟に動ける中国人です。

優秀な中国人なら、ある程度は会社の経営や事業の推進を任せられます。優秀な日本人がいれば、常に異なる視点で、事業全般をチェックできます。そして、中国人と日本人が良好な協力関係を維持できることも、重要なポイントです。それぞれ有能ですが、互いに足を引っ張りあうような関係ならば、トラブルを生み出す一方になります。

これは理想論に近いかもしれません。しかし正しい「人材配置」こそが、中国ビジネスだけではなく、すべてのビジネスの勝敗を決める原点です。正しい駐在員の派遣ができた時点で初めて、「現地に決定権を任す」という話を始めることができます。

「明確なビジョンと綿密な調査に沿った詳細な事業プラン」と「適切な人材配置」。この2つは、中国ビジネスないしすべてのグローバルビジネスの重要な起点と軸になると思います。

それでは、成功している日本企業はどこにあるでしょうか？

私は、成都イトーヨーカ堂に最も注目しています。尖閣問題が激化し、日本の多くの企業が被害を受けていたとき、成都イトーヨーカ堂は、現地の中国人住民に守られたという話も聞いています。暴徒が成都イトーヨーカ堂を襲おうとしたとき、現地の中国人は「何をやっているのか、イトーヨーカ堂は我々の生活を支援しているし、そこで就職している中国人もたくさんいる」と怒って、成都イトーヨーカ堂を守ったらしいのです。あんな嵐のような状態の中で、成都そして北京のイトーヨーカ堂は、ほとんど被害を受けませんでした。

２０１２年、中国イトーヨーカ堂全体の売り上げは80億元（約１２００億円）に達しました。中国小売業界でも16位にランキングされる勢いです。特に成都イトーヨーカ堂は、地元の人々に愛される存在として輝いています。

やはり、こんなに難しい市場でも、中国進出に成功している日本企業があるのです。

イトーヨーカ堂は中国進出当初である１９９６年～２００２年の約６年間、赤字でした。最初は単純に「日本のライフスタイルは中国より進んでいる」と思い、品物の導入は全部日本風にしていたようです。ところが営業不振が続き、赤字の連続となりました。その後彼らは、地道に中国現地の様々なスーパーを見学し、中国人の購買習慣やスタイルを調査しながら、自社の文化を現地の習慣に合わせるようにしました。すると業績が改善していき、現在では見事に成功を収めています。

あなたの会社に企業文化はありますか？

特筆すべきなのは、彼らは単純に現地の中国人の生活習慣や現地の中国スーパーに合わせているわけではないということです。きちんとイトーヨーカ堂の優位性、日本流通企業の「安全・安心・丁寧」などの特徴も取り入れることで、中国現地住民に愛されるスーパーとして成長してきました。

私は、この企業の中国進出事業成功の要因は、正しい日本人駐在員の派遣にあると確信しています。麦倉弘さんという方は、２０１２年3月まで中国に駐在していたイトーヨーカ堂の前中国総代表でした。彼は１９９６年末に中国に行き、中国に15年間も駐在しました。麦倉さんの素晴らしい言葉があります。

「中国人の目線に立ちながら、自分は、日本人であることをしっかりと意識している」

イトーヨーカ堂を扱ったテレビ番組の中で、彼は中国人従業員と密接にコミュニケーションを取りながら、日本のサービスや管理の文化とエッセンスを教え込んでいました。

ここで注意してほしいのは、単にサービスと管理の「スタイル」だけではなく、「文化とエッセンス」も教えていることです。スタイルはあくまで形式的なものである一方、エッセンスは思想に近いものです。

成都イトーヨーカ堂の管理層の中国人幹部は、この企業文化の良さをよく知っていますから、外部から高い給料を提示され、ヘッドハンティングされるような立場になっても、離職率が相対的に低いそうです。おそらく麦倉さんは、長年の駐在経験によって、中国人の考えやスタイル、習慣、中国現地の状況を熟知しており、だからこそ、このようなことができているのだと思います。この姿を見た私は、「この人は大物だ、中国進出の真義を摑んでいる」と思いました。

「現地化」は、単に「現地人をトップに起用すること」「現地に決定権を委ねること」ではありません。安易な発想でやると、高給で人材を引き抜きあうエンドレスの人材争奪戦に巻き込まれていくだけです。現地企業が本社の手から完全に離れ、コントロール不能の事態に陥る恐れもあります。

中国で事業を成功に導いていくためには、日本企業とその事業の本質をしっかりと分かっている日本人が、柔軟に中国人と協力し、時には自社の文化や事業の内容を中国人に教えこみながら、「日本人＋中国人の共同作業」によるマネジメント体制を構築していくことです。

基本原理を徹底すれば何も怖くない

成都イトーヨーカ堂の中国市場での成功は、このような両輪作戦が奏功していることにあると思います。

一つの輪は、中国の流通状況を把握して、中国現地住民の消費習慣や消費スタイルに合わせながら、自社の優位性を示す商品とサービスの提供を行っていることです。もう一つの輪は、優秀な日本人駐在員を派遣して、中国で人材育成と経営、マネジメントシステムの構築に注力していることです。

成都イトーヨーカ堂は、「中国人の中国人による中国人のための店舗づくり」を目指しながら、人材の現地化を積極的に進めています。これは決して、単に「すべてを中国人に任せましょう」という発想ではありません。管理本部長や各店の店長、各商品の関連部署のマネージャーすべてに中国人社員を登用する一方、日本人社員はサポートに回るという体制を整備しているようです。

この内部の両輪作戦をうまくやっていくために、成都では常に行政部門と良好な関係を保ちつつ、地域発展に協力するべく、企業の社会貢献活動も行っているようです。

よく考えると、イトーヨーカ堂のやっていることは、実は中国市場だけではなく、すべての市場における基本的な原理です。**綿密な市場分析を行い、明確なビジョンと事業プラン、同業種における自社の優位性を持ち、優秀で有能な人材を採用し、事業を展開しながら、社会的な貢献をしていきます。**

このようなことがきちんとできれば、中国市場の特殊性やリスクも、市場分析で出てくる要素の一つにすぎません。中国だけではなく、すべての市場において勝算が高くなるでしょう。

中国崩壊論、中国巨大市場論といった情報に踊らされる前に、自分の企業は何をやりたいのか、中国に進出する必要があるのかというビジネスの原点に戻って、企業の発展を見据えたうえで、中国進出を考えましょう。いや、中国は単に一つの市場にすぎません。東南アジア進出も、ブラジル進出もまったく同じ原理です。

中国ビジネス論の本質はここにあると思います。

おわりに

本書で私は、かなり辛辣《しんらつ》に、私の中国ビジネス体験談を述べてきました。これは単に一ＯＬの体験談にすぎません。

いろいろと大変なことがありましたが、読者のみなさんにはぜひとも私の真意を理解していただきたいです。

この本を、本当はどこで発表するべきなのかと考え込みました。**もしフェアで自由な世界なら、私はこの本を中国で出版したいです。なぜなら、私が苦労してきた中国の様々な不健全な部分は、中国自身に改善してほしいからです。真の意味でのグローバルスタンダードによってビジネスできる環境が、中国で誕生してほしいのです。そうなった時点で、中国は真の発展を迎えられると信じています。**

長年日本で暮らしてきた経験によって、私はすでに「欲望」「野心」「じりじりとした焦燥感」に満ち溢れた中国の空気になじめなくなっているのかもしれません。そして中国市場は、ぎゅうぎゅうとした満員電車のような感じで、空気が薄く、時には呼吸困難になってしまいそうです。

「人間関係」「交渉」「様々な欲望」「暗黙のルール」……。これらすべてにアンフェアな感覚を覚えます。フェアでかつ透明度の高いビジネスを行うために、中国でいったいどうすればいいのか。まだ私には分かりません。このアンフェアに近いビジネス環境を、私は好きになれません。

一方で、中国ビジネスは一寸先が闇ですから、ギャンブルのようでエキサイティングです。ジェットコースターに乗った感覚に近いかもしれません。好きな人は、その心臓がドキドキする感じにハマるのでしょうが、嫌いな人だったら、一生乗りたくないでしょう。

私は今、乗りたくない心境です。

それでも、**私が祖国を愛していることには変わりありません**。同時に、その不健全な部分に対して、客観的に見ても好ましくない部分は、日本人同様に受け入れられません。むしろ、その拒絶反応は日本人以上かもしれません。なぜなら、海外に出て祖国の美しくない姿を見ると、心の痛みや悔しさも倍増するからです。

私の中国ビジネス体験には、成功体験がほとんどありません。日本人だけではなく、中国人でもその市場で勝負するのは難しいのです。

ただ、**「信念と情熱のある者、そして信念と情熱を持ち続ける者が、最終的に勝つ」**と、私は堅く信じています。本書で書いたように、中国市場に限らず、あらゆる市場において勝ちたいなら、まず強い信念とビジョン、情熱を持つべきだと思っています。

私自身は、もし中国市場でのビジネスに信念と情熱を取り戻すことができたならば、もう一度戻ろうと思っています。今は、その市場と自分を冷静に見つめる時期だと思っています。


最後に、この本の出版に関して様々な方に感謝したいと思います。

まず、私の両親に感謝したいです。私の来日について、最初は「なぜ中国でのエリートコースを捨てて日本に行くのか」と強く反対していましたが、最終的には私の意思を尊重し、10年以上も自由にさせてくれました。

そして、編集を担当してくださった井上威朗様に深く感謝いたします。寒い東京の冬、タイレストランで、「毒のある文章がいい」という話になって盛り上がり、実際書きはじめると、もしかして私には書く才能があるのかもと錯覚してしまい、この本を書くのが楽しくてたまらなくなり、結果としてここまで来ることができました。

様々な理由で、ご協力をいただいた方々のお名前をここでは公開できませんが、彼らのご理解とご協力を心より感謝しております。

感謝したい方は、まだまだいます。

私は日本に来て以来、ずっと日本の様々な方々に応援してもらい、今日まで無事に生きてきました。日本はすでに私の一部となり、第二の故郷になっています。**私は、中国も日本も愛し**

ています。ただ、愛しているからこそ、中国のビジネス環境がよくなり、多くの日本企業が中国市場で真の成功を収められればと願っています。それこそが、この本が誕生した本当のきっかけとなっています。

私の辛く、苦しい中国ビジネス体験は、きっとこれからの輝かしい中国ビジネスのための礎《いしずえ》だと思っています。そして、ほかの新興国市場進出の参考にもなっていくことを願っています。

そうです。私はそう思っています。確かに中国市場には特殊性やリスクがありますが、すべての市場には、共通した原理があります。これに基づいて行動すれば、いつか苦労は実り、花と咲くはずです。

最後に、読者の皆様に感謝します。このような日中関係が冷え込んでいる時期に、中国ビジネスの本を手に取って、中国への関心を示していただいて、本当に感謝の気持ちでいっぱいです。

張 益羽

参考文献

杉本信行『大地の咆哮　元上海総領事が見た中国』ＰＨＰ研究所
ふるまいよしこ『中国新声代』集広舎
川島博之『データで読み解く　中国経済』東洋経済新報社
株式会社エヌ・エヌ・エー（編著）『図解「中国・台湾・香港」の主要企業と業界地図』日刊工業新聞社
福堀武彦『あなたの知らない中国社会』リトル・ガリヴァー社
興梠一郎『中国　目覚めた民衆～習近平体制と日中関係のゆくえ』ＮＨＫ出版
麻生晴一郎『中国人は日本人を本当はどう見ているのか?』宝島社
西本紫乃『モノ言う中国人』集英社
岡本隆司『中国「反日」の源流』講談社
宮本雄二『これから、中国とどう付き合うか』日本経済新聞出版社
リチャード・マグレガー（著）小谷まさ代（訳）『中国共産党　支配者たちの秘密の世界』草思社

【著者プロフィール】張 益羽（チョウ・マウ）

滞日歴14年。

上海の大学を卒業後、日本文部科学省国費留学生として来日。

表象文化を研究テーマとし、大学院修士課程を修了。

大学院在学期間中より国際会議等の通訳・翻訳、中国語講師等の仕事に関わり、2002年より某中堅広告代理店勤務。

さまざまな企業の中国マーケティング業務を経験し、上海万博などの大型イベントにも携わる。日本企業と中国企業を両方担当してきた。

また、社内で初めて中国企業から日本円で億単位の入金を実現した。

中国人《ちゅうごくじん》OLは見《み》た！　猛毒中国《もうどくちゅうごく》ビジネス

2014年1月7日　第1刷発行

著　者　張 益羽《チョウ マウ》
カバーイラスト　SMO
ブックデザイン　鈴木成一デザイン室
発行者　鈴木 哲
発行所　株式会社 講談社
東京都文京区音羽2-12-21　〒112-8001
電話　編集部　03-5395-3522
販売部　03-5395-3622
業務部　03-5395-3615
印刷所　豊国印刷株式会社
製本所　株式会社国宝社
本文データ制作　講談社デジタル製作部

ISBN978-4-06-218753-4　N.D.C.302.22　238p　19cm